A REDENÇÃO DE UM EXILADO – DE DEGREDADO A APÓSTOLO
Copyright © 2017 by Samuel Gomes
1ª edição | Março de 2017 | 1º ao 3º milheiro

Dados Internacionais de Catalogação Pública (CIP)

D871   LUCAS (Espírito)
       A Redenção de um Exilado / pelo espírito Lucas;
       psicografado por Samuel Gomes. — 1ª ed.
       Belo Horizonte: Dufaux, 2017.

       370p. 16 x 23 cm

       ISBN: 978-85-63365-90-3

       1. Espiritismo   2. Espiritualidade   3. Regeneração
       I. Título   II. GOMES, Samuel
       CDU — 133.9

Impresso no Brasil – Printed in Brazil – Presita en Brazilo

Editora Dufaux
R. Contria, 759 - Alto Barroca
Belo Horizonte - MG, 30431-028
Telefone: (31) 3347-1531
comercial@editoradufaux.com.br
www.editoradufaux.com.br

FSC Conforme novo acordo ortográfico da língua portuguesa ratificado em 2008.

Todos os direitos reservados à Editora Dufaux. É proibida a sua reprodução parcial ou total através de qualquer forma, meio ou processo eletrônico, sem prévia e expressa autorização da Editora nos termos da Lei 9 610/98, que regulamenta os direitos de autor e conexoso.

Adquira os exemplares originais da Dufaux, preservando assim os direitos autorais.

SAMUEL GOMES PELO ESPÍRITO LUCAS

A REDENÇÃO
DE UM EXILADO
DE DEGREDADO A APÓSTOLO

Série
Autoconhecimento

Dufaux
editora

Sumário

TERCEIRA PARTE

QUARTA PARTE

Apresentação – Sob o amparo de Jesus

A misericórdia Divina nos auxilia a retomar nossa orientação espiritual em direção ao Pai. Envolvidos pelas forças de Seu amor, começamos a perceber com maior amplitude as escolhas pautadas no bem, que é a diretriz única da vida no Universo.

Que as reflexões contidas nesta obra possam trazer alguns esclarecimentos sobre as lutas dos espíritos decaídos de Capela, nos quais me incluo, que sobre a diretriz amorosa de Jesus vem consolidando até hoje os objetivos traçados por Sua sabedoria, para nos libertar dos débitos do passado obscuro e vislumbrar a luz de uma nova era que nasce para todos os habitantes da Terra.

Eis aqui o exemplo de um espírito em redenção espiritual que foi tocado pelo magnetismo superior do Cristo planetário e que, a partir daí, registrou seu ajustamento aos desígnios elevados da vida.

Sua história poderia ser reflexo de nossas próprias experiências, bem como de todos aqueles que "caíram" em direção a essa escola bendita de almas com a função de cooperar na sua formação e desenvolvimento, despertando nossos irmãos da retaguarda evolutiva na responsabilidade e capacidade de poderem, um dia, escolher em sã consciência os caminhos de sublimação íntima.

Devemos todo apreço ao exemplo de esforço perseverante do autor espiritual, em sua jornada de regeneração, bem como pela dedicação com que atuou junto ao Cristianismo nascente.

Que as bênçãos do alto desçam sobre estas simples anotações que nos tocam diretamente ao coração e que elas possam fazer o mesmo com aqueles que refletirem sobre suas linhas.

Não podemos deixar de agradecer ao nosso Mestre de amor e bondade, para que Suas energias sublimes estejam sempre junto de todos nós, sem nos tirar as responsabilidades próprias, pelas quais nos cabe agir para refletir-Lhe a presença silenciosa e assim poder repetir as palavras paulinas: somos as cartas vivas do Cristo.[1]

Paz!

Bezerra de Menezes.
Belo Horizonte, fevereiro de 2017.

---

[1] II Coríntios 3:3: "Porque já é manifesto que vós sois a carta de Cristo, ministrada por nós, e escrita, não com tinta, mas com o Espírito do Deus vivo, não em tábuas de pedra, mas nas tábuas de carne do coração."

Introdução

> "Este é o concerto que farei com eles depois daqueles dias,
> diz o Senhor: Porei as minhas leis em seus corações,
> e as escreverei em seu entendimento; acrescenta: E jamais me
> lembrarei mais de seus pecados e de suas iniquidades.
> Ora, onde há remissão destes, não há mais oblação pelo pecado."
> Hebreus, 10:16-18

Para que possamos compreender as ocorrências que atingem a Terra neste período de transição, vamos recorrer às lembranças que guardamos das experiências similares quando vivemos, há milhares de séculos, em nossa morada planetária que faz parte da Constelação do Cocheiro. Um dos planetas do Sistema de Capela enfrentou também a limpeza espiritual pela qual este orbe passa agora, expurgando milhões de espíritos que se encontravam distraídos dos objetivos superiores que foram traçados para o aprimoramento e desenvolvimento moral daquela humanidade. Nosso Cristo planetário convidava os habitantes que viviam em suas paisagens a dar um passo em direção aos mais elevados padrões de espiritualidade.

Era necessário imprimir uma mudança de valores e de comportamentos, deixando para trás as expressões de primitivismo que persistiam em se manter no comando da mente de muitos de nós, criando um obstáculo para que o bem e a fraternidade se estabelecessem em definitivo para o progresso da nossa casa planetária.

Depois de travadas grandes lutas, principalmente na intimidade dos seres, a Direção Superior, formada por cristos que não se prendem a nomes e formas de identificação e que não têm muita semelhança com os nomes da Terra, já que utilizavam linguagem e símbolos diferentes, passou a lhes comandar o destino e estabeleceu um saneamento mais efetivo, retirando grupos de espíritos que resistiam em mudar, permanecendo na posição quase estacionária de seus interesses mesquinhos e superficiais, sustentando o poder e o domínio sobre pessoas e bens.

Esses espíritos, entre eles os chefes de falange e aqueles que os acompanhavam, foram retirados dos planos inferiores por meio de resgates e intervenções espirituais delicadas, utilizando-se de trabalhos de natureza mediúnica, da energia dos trabalhadores, da ação direta usando médiuns em desdobramento, e por intervenções frontais dos espíritos superiores, recolhendo companheiros de diversos graus de inferioridade que já não podiam continuar no planeta devido a suas condições de inferioridade. Muitos deles foram colocados em estado de letargia mental, numa hipnose do sono, para só despertarem em momentos específicos, em futuro distante, já dentro das experiências a que seriam submetidos no novo orbe e que os colocaria na marcha da reeducação.

É com o propósito de esclarecer nossos irmãos de caminhada na Terra que trazemos as experiências de nossas almas decaídas, que foram trazidas para o planeta terreno com sua bagagem de experiências, a fim de proporcionar um auxílio no desenvolvimento desse mundo que entrava na fase de humanização dos espíritos nativos, dando aos primatas, características humanas mais desenvolvidas e a desenvoltura necessária para iniciarem a caminhada rumo ao nosso Pai.

Os exilados de Israel formam o grupo mais orgulhoso e mais necessitado, e é onde o Mestre escolheu nascer para ser o exemplo vivo de humildade e amor. Venho em nome de nosso Senhor Jesus – a estrela divina de Israel – sob as bênçãos de Seu amor misericordioso, esclarecer a trajetória desses espíritos que, em sua grande parte, já retornaram à sua casa evolutiva de origem.

Jesus, como Governador Planetário e grande estadista do mundo, não podendo estar diretamente presente em todos os lugares, colocou espíritos de natureza elevada para representar Sua presença em todos os grupamentos de exilados, que O representaram nas diversas raças e tempos. Lao-tsé, Buda, Krishina, Sócrates e tantos outros são exemplos desses espíritos superiores.

Alguns de nossos irmãos mais endurecidos e resistentes ainda se encontram presentes nas atuais ocorrências terrenas, repetindo as mesmas posturas e experiências sem ouvir o convite de renovação inadiável que lhes permita escolher o destino que lhes cabe no futuro.

Permanecem presos aos sentimentos de indiferença ao bem, alimentando ainda a ira e a revolta, persistindo em continuar numa posição que lhes criará experiências cada vez mais dolorosas, até que desejem despertar seus potencias angélicos para encontrar o céu da paz, ainda distante para seus espíritos persistentes no mal. Podem estar diante de mais uma deportação que se repetirá para eles.

Contudo, temos também muitos dos exilados espalhados pelo planeta, atuando em diversos trabalhos de ordem espiritual, científica, artística e política – alguns em resgate, provação ou expiação, mas, também, muitos outros por amor e respeito ao Cristo – que preferem continuar aqui aproveitando esses dias de transformações decisivas para dar o testemunho de amor e reconhecimento, carinho e devoção a todas as almas que lhes ajudaram a vencer as mazelas do passado infeliz e contribuíram para o seu despertar espiritual, até que consolide as transformações do planeta para o mundo de regeneração.

Transmitimos nossas vibrações de apreço aos companheiros que também se encontram sintonizados com o crescimento do planeta e investindo em sua renovação pelo trabalho com que vêm auxiliando os espíritos terrenos.

Jesus, que atua como um pai amoroso da humanidade, retratando a bondade de nosso Criador, nos impulsiona para criarmos um sentimento de fraternidade universal que deve envolver todos os habitantes do Cosmos.

A Terra, a partir de agora, está a caminho da luz, onde encontrará a harmonia que a transformará numa morada espiritualizada.

Lancemos nossa gratidão e nossa expressão de fé ao alto, através do trabalho, a fim de entrarmos em comunhão com o amor de nosso Pai, para todo o sempre.

Paz e amor a todos os filhos do meu coração!

Lucas
Belo Horizonte, outubro de 2016.

Considerações iniciais

O objetivo principal desta obra é traçar um paralelo entre o que ocorreu com os exilados de Capela, quando viveram em translado entre mundos, e o que provavelmente acontecerá com os que estão sendo exilados da Terra.

O ponto fundamental abordado é o da recuperação, iniciada quando foram tocados profundamente pelo magnetismo espiritual do nosso Cristo planetário – Jesus – e se envolveram com os objetivos traçados pelo Seu amor, na redenção de seus seres, mostrando que esta oportunidade também ocorrerá para nossos irmãos terrenos, e para nós mesmos, se estivermos dentro dessa condição de exílio, pois em algum momento dessa transição, no encontro com o Cristo do planeta que receberá os deportados da Terra, Ele convidará a todos para auxiliar no desenvolvimento dos espíritos que iniciam o processo de evolução humana no orbe de destino.

Alguns dos espíritos que sofreram o expurgo em função da sua deficiência moral e que, por seus conhecimentos, exerciam um papel de relevância no processo de crescimento científico-intelectual de Capela, contribuíram para auxiliar os da Terra na condição de apóstolos e discípulos do próprio Cristo, talvez já trazendo esses vínculos mesmo antes de viverem no planeta do sistema do Cocheiro, tal qual acontece com muitos que daqui partem conscientes de Sua influência decisiva em nossas vidas e da importância do Seu convite amoroso de nos guiarmos pelos Seus exemplos de amor, mas que optaram por Lhe ignorar os apelos.

Com a saída dos companheiros recalcitrantes no mal, haverá uma purificação energética e a diminuição acentuada da influência negativa que eles provocam no mundo e nas mentes, sejam de encarnados ou desencarnados, abrindo uma alvorada de leveza e paz para os que ficam, desejando, entretanto, aos irmãos e afetos que partem, a coragem e fortaleza moral na empreitada de soerguimento espiritual.

Sem delongar em nossas reflexões iniciais, pedimos que nosso Mestre, querido do coração, nos ampare o trabalho declarando que, se houver algum mérito na elaboração desta obra, ele deverá ser direcionado para os espíritos, que são seus verdadeiros responsáveis, colocando-me na condição de médium limitado e imperfeito, grato pela oportunidade de servir-lhes de instrumento para deixar, a todos nós, uma mensagem de reflexão e esclarecimento que nos enriquece o campo do conhecimento e nos prepara para os tempos que virão.

Muita paz no coração de todos.

Samuel Gomes
Belo Horizonte, fevereiro de 2017.

Primeira parte

1.
A madrugada de um novo dia

"E disse Deus: Haja luz. E houve luz. E viu Deus que era boa a luz;
e fez Deus separação entre a luz e as trevas."

Gênese, 1:3-4

Grandes transformações ocorriam em nosso orbe, em todos os aspectos, principalmente, os de aprimoramento tecnológico, atuando no bem-estar da vida humana em suas diversas áreas, com destaque para a saúde, a educação e o transporte. Vivíamos numa sociedade onde grandes avanços científicos facilitavam em muito a vida.

Muitos de nossos irmãos, inclusive eu mesmo, vivíamos hipnotizados pelo prazer do domínio ilusório, sustentado pelo desejo de conduzir os recursos e as forças da vida em proveito próprio, imprimindo a esses elementos nossas intenções egoístas de poder em atitudes agressivas e corruptíveis, agindo em prejuízo de grande parte da população, criando aos corações sensíveis muitas dores e sofrimentos, já que seus espíritos estavam cansados do mal.

Embora tivéssemos sido alertados pelos vaticínios e avisos em todos os tempos, não acreditamos neles e fomos pegos de surpresa no momento da nossa última desencarnação naquele mundo, que se caracterizou como ato final da oportunidade de continuar nossas experiências junto daquelas almas, pela imaturidade coletiva de não conseguir acompanhar o crescimento do orbe tendo que, naturalmente, trocar de escola. Levados de forma inesperada às estações de isolamento e repouso, permanecemos ali, constrangidos pelo medo do futuro desconhecido que nos aguardava na saída do planeta e por sensações que eram reflexo do grau de perturbação que criamos, entregues às reflexões perante as oportunidades perdidas, dando início ao despertar espiritual.

A partir dali, não poderíamos mais reencontrar os corações que nos amavam com dedicação e carinho e a convivência com esses amores, aos quais não soubemos retribuir, só se daria efetivamente quando mudássemos nosso comportamento e sentimento perante a Inteligência Divina. Por um tempo, que se perderia na voragem dos séculos, aguardaríamos o mérito de voltar ao seu convívio, conquistado pelas lutas de reeducação e renovação moral de nossos espíritos.

Os Espíritos Coordenadores que nos dirigiriam os passos dali para frente eram espíritos de natureza mais elevada, muitos deles já em condições de poder transitar livres no Universo, atuando nos planos espirituais dos dois planetas envolvidos no exílio, operando de forma espontânea, como o fazem os espíritos no plano maior no auxílio aos encarnados e desencarnados, pelo sentimento de compaixão e para vê-los crescer. Apresentavam-nos os quadros de crescimento aos quais o nosso planeta estava se ajustando, tornando evidente a queda de um verdadeiro paraíso perdido em decorrência da nossa sistemática movimentação nas paixões desordenadas e impulsivas, mostrando o quanto estávamos perdendo por resistir às mudanças que nos foram propostas, porém, ignoradas.

Lágrimas de arrependimento tardio desciam constantemente por nossos rostos. Nós, espíritos em condição de receber orientações, fomos levados a reuniões de esclarecimentos, realizadas próximo de Capela, para termos ciência do que nos aguardava e para nos prepararmos para estar diante daquele que seria, para nós, um novo guia espiritual, que nos acolheria com os braços abertos, proporcionando experiências à redenção de nossos espíritos.

Muitas vezes, nos eram mostradas em telões as perspectivas futuras de Capela e o que os espíritos que ficassem iriam sentir e usufruir, como forma de reflexão sobre o desperdício das oportunidades recebidas. Ver a leveza e a felicidade deles em nossa casa sideral fazia com que o pesar de não ter atendido os chamados de retificação de conduta fosse amplamente sentido, pois sempre abrimos mão das ocasiões redentoras para atender nosso interesse pessoal, criando agora as cargas de remorso e culpa que seriam as emoções de fundo do nosso vazio existencial naqueles momentos de indefinição e mudanças.

Nesse estado íntimo, percebemos que fomos os únicos responsáveis pela noite quase infindável de dor e sofrimento que se abateu sobre aquele planeta, e que terminava agora, em plena madrugada evolutiva, na qual ocorria a nossa retirada para que um amanhecer glorioso pudesse surgir.

Os espíritos obstinados no mal seriam levados adormecidos e despertos na Terra, outros, porém, mais recalcitrantes, conforme a dureza de seus corações, só seriam despertos em tempo distante para favorecer uma adaptação ao processo de influência que iriam criar para os humanos da Terra, que precisariam de certo desenvolvimento psíquico para possibilitar suas reencarnações futuras e para terem condições de perceber o que construíram para si mesmos pelos desmandos contra as Leis Divinas, diretoras da harmonia universal, que nos levam à perfeição contra a qual lutamos. Muitos de nossos líderes eram classificados como verdadeiros dragões do mal e seriam os principais responsáveis por influenciar as mentes que sintonizavam com seus interesses e buscas no novo orbe.

Já na preparação para sermos levados às naves transportadoras que efetivariam as viagens, fomos organizados em grupos, de acordo com as tendências que nos uniam, para enxergar no outro nossas próprias deficiências e identificar o que era necessário mudar, começando a refletir, embora tardiamente, no que fazer para sair daquelas condições.

Os espíritos amigos, que nos orientavam nesta transição, tentavam esclarecer quanto aos objetivos que nos aguardavam no futuro de nossas vidas, mas nem sempre alcançávamos seus ensinamentos em função do nosso despreparo íntimo.

Agora, era imprescindível fazer tudo o que fosse possível para aproveitar a oportunidade que estas experiências abririam para nosso soerguimento espiritual e promoção do nosso regresso ao mundo renovado que acabamos de perder, a fim de aproveitar suas experiências elevadas quando o exílio milenar terminasse.

Começava um futuro incerto, obscurecido pela apreensão e pelo medo, sem a clareza do que nos aguardava. Com essas angústias e sentimentos desconexos, continuamos nossa peregrinação, em pleno espaço sideral, aguardando dos organizadores de nossos destinos os planos de trabalhos que nos reconduziriam à harmonia e à paz que desprezamos e que agora passavam a ser objetos de nossas preocupações.

O sofrimento amargo, o profundo desalento, a desorientação completa, a imensa sensação de perda, a perplexidade paralisante e até mesmo uma revolta surda oprimiam a todos nós. Eis aí o que ocorre com as consciências distraídas que se entregam às ilusões e que pensam que nada irá acontecer a elas diante da busca desenfreada de poder, riquezas, prazeres e torpezas, frutos do proceder tresloucado.

2.
Orientações iniciais para o degredo

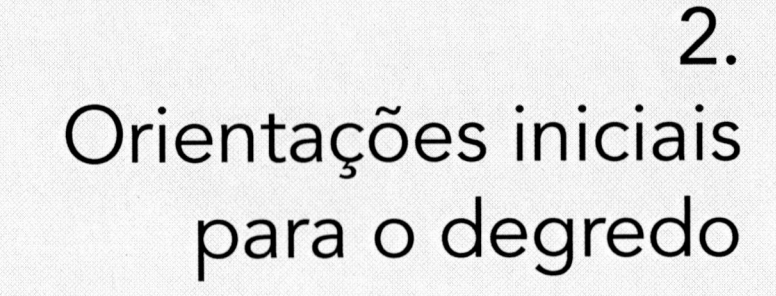

"Vós sois o sal da terra; e se o sal for insípido,
com que há de salgar? Para nada mais presta senão
para se lançar fora, e ser pisado pelos homens."
Mateus, 5:13

Fomos direcionados a grandes centros de estudos que ficavam nas naves de transportes, que possuíam verdadeiras cidades com estrutura própria e possibilidades múltiplas, onde nos mostraram as condições do novo planeta que nos acolheria, com suas características extremamente rústicas e primitivas, aguardando nosso apoio para implantar as bases de desenvolvimento nas diversas áreas de aperfeiçoamento das inteligências primitivas e limitadas que o habitavam, fazendo com que suas capacidades crescessem e atingissem o estágio de poder mental no qual já nos encontrávamos.

Essas naves, de proporções gigantescas, têm condições milhares de vezes melhores do que as naves nas quais os astronautas da Terra viajam hoje. O transporte seria realizado em instalações que variavam de acordo com a necessidade de cada grupo, desde cabines de hibernação, alojamentos, até outras estruturas instaladas nas diversas urbes-setores. Grande parte dos espíritos seria transferida em estado de torpor e sono que induziam à hibernação. Os espíritos responsáveis pela viagem ficavam despertos, bem como aqueles exilados que tinham melhor condição de aproveitar os ensinos e reflexões, mas que também precisavam de descanso para sentirem menos o desgaste da viagem. Primeiramente, iríamos para o local onde nos aguardava uma grande e importante reunião junto Daquele que seria, dali em diante, o Orientador de nossas vidas.

As sensações de pesar e desânimo quase nos imobilizavam por percebermos que as dificuldades enfrentadas agora eram frutos das irresponsabilidades, dos desvios pessoais ou de grupos, que criaram um déficit para a felicidade geral da humanidade da qual fomos expulsos.

O preço a pagar pela nossa libertação era estruturar uma plataforma de desenvolvimento nas bases educativas, religiosas e sociais desde os seus primórdios, implementando as técnicas de plantio e colheita, estabelecendo os rudimentos de uma vida coletiva e, mais à frente, a formação de grupos e instituições que regeriam o funcionamento daquele orbe rudimentar. Aquelas condições de vida primárias chocavam tremendamente nossos espíritos já acostumados com os avanços tecnológicos do planeta de origem e era extremamente pesado perceber que pagaríamos com o suor de nossos trabalhos a oportunidade de nos reerguermos perante a própria consciência e diante dos corações que deixamos para trás.

As condições primitivas de materialidade e o aspecto de animalidade dos seres em desenvolvimento[1] daquele mundo nos

---

1 *A caminho da Luz* – Capítulo 3 – As raças adâmicas – O sistema de Capela – As promessas do Cristo, Emanuel, Chico Xavier: "Aos prepostos de Jesus foi necessária grande soma de tempo, no sentido de fixar o tipo humano. Assim, pois, referindo-nos ao degredo dos emigrantes da Capela, devemos esclarecer que, nessa ocasião, já o primata hominis se encontrava arregimentado em tribos numerosas. Depois de grandes experiências, foi que as migrações do Pamir se espalharam pelo orbe, obedecendo a sagrados roteiros, delineados nas Alturas. Quanto ao fato de se verificar a reencarnação de Espíritos tão avançados em conhecimentos, em corpos de raças primigênias, não deve causar repugnância ao entendimento. Lembremo-nos de que um metal puro, como o ouro, por exemplo, não se modifica pela circunstância de se apresentar em vaso imundo, ou disforme. Toda oportunidade de realização do bem é sagrada."
Colônia Capella – outra face de Adão, pelo espírito de Yehoshua ben Nun (profeta Josué), psicografado por Pedro de Campos: "De fato as migrações do Pamir somente chegaram ao Cáucaso por volta de 21 mil a.C. Numa época que antecedeu a construção das grandes pirâmides do Egito, uma tribo de arianos infiltrou-se pelo norte do Ira, em direção ao Oriente, e formou acampamento regular nas regiões baixas

assustavam e criavam uma sensação de muita dificuldade para cumprirmos aquelas obrigações, como se retroagíssemos na evolução ao sermos colocados nas mesmas condições de bestialidade daqueles homens em estágio primário, contrariando nossas expectativas de procurar sempre o mais fácil e o que melhor sustentasse nossa acomodação. Naquela época, não entendíamos o quanto também fomos brutos e primitivos em relação aos corações mais evoluídos e sensíveis da sociedade que deixamos no planeta de origem.

Estávamos naquela época em que o homem primitivo dava condições para a introdução dos primeiros companheiros encarnarem, mas era preciso tamponar nossas qualidades mentais para melhor ajustarmo-nos a eles. Quase todos os períodos de transformação do planeta e de aperfeiçoamento das ações humanas já eram indícios de introdução de alguns grupos de exilados. O maior número de capelinos encarnados se deu na época das grandes civilizações do passado. Tiveram seu apogeu com o florescimento das raças hindus, egípcias, judaicas e arianas. Esse mergulho maciço na crosta só foi possível quando as condições de reprodução humana permitiram sua fixação e reprodução para o aumento de pessoas no planeta.

Aquelas impressões eram tão marcantes que nos primeiros tempos de nossa romagem na matéria junto deles, sentíamos como se mergulhássemos junto a bestas, contrariando as leis da nossa evolução, postulando ideias e crenças de que nos revestíamos de corpos animais em pagamento pela nossa queda e insubordinação.

Nos primeiros tempos de nosso mergulho nas condições bio-

---

próximas ao Pamir, as margens do rio Mugab. Em seguida, após tempo razoável de permanência ali, a partir de 2500 a.C., parte desta tribo de arianos adentrou o vale do indo e o território ocidental do Ganges, estabelecendo-se em ampla região.

lógicas do planeta estabelecemos uma separação de classes, deixando os homens primitivos distantes de nosso acolhimento e conhecimento, surgindo, assim, uma série de obstáculos que impediam a aproximação daqueles seres impulsivos e agressivos. Possibilitamos a união somente entre os que eram considerados afins ou especiais.

Em muitos de nós a revolta e a inaceitação determinaram a fixação de uma característica separatista na nossa forma de viver e relacionar, cujos resultados desastrosos e dolorosos caíam sobre nossas próprias cabeças até que entendemos não ser daquela forma a reconquista da nossa libertação verdadeira.

Grande parte dos espíritos degredados tinha esta consciência, principalmente aqueles que se comprometeram, em primeira mão, a auxiliar o Cristo do planeta a promover a evolução daquela raça simples e ignorante. Ele nos tocara os sentimentos mais profundos, dando-nos a esperança de que bastaria fazer o que cabia às nossas responsabilidades para retornar à morada de origem, laureados pela coroa da renúncia em benefício de nossos irmãos mais novos, reentrando em nosso orbe glorificados pela consciência erguida do dever cumprido.

Porém, ao tomarmos contato com a realidade da empreitada, percebemos o quanto seria difícil cumprir aqueles propósitos e sentimos não ser possível executá-los. Pela primeira vez, em nossas existências milenares, operaríamos algo no campo real sem as facilidades que o antigo planeta nos dava, construindo passo a passo essas mesmas facilidades para que os homens do amanhã usufruíssem delas em benefício de seu crescimento.

Tínhamos os recursos brutos daquele planeta, mas precisávamos nos esforçar para descobrir as condições de uso desses patrimônios. Esse trabalho dava início a um legado para o crescimento das ciências do futuro.

Esta conquista exigia uma extraordinária intervenção para que aquele planeta se tornasse uma moradia digna para nós e para os seres em desenvolvimento dentro dele, consolidando sua evolução ao preço de nossa recuperação espiritual, aprendendo a valorizar a vida e os recursos que ela nos oferece, como verdadeiros filhos pródigos de retorno à casa do Pai, depois de comer as bolotas[2] destinadas às mentes novas, que como "porcos" não conseguiam ainda aproveitar o conteúdo e os valores que cada circunstância possuía. Nesse retorno, sintonizados com os propósitos Dele, nos adequaríamos às condições dos espíritos nobres que lá viviam e aguardavam nosso retorno em festa plena de alegria.

A impressão de angústia e terror que nos assaltava o coração nos fazia sentir como se fossemos compactos agrupamentos de mendigos espirituais sendo dirigidos a um abatedouro.

A ausência de perspectiva da volta ao nosso planeta nos dominava violentamente, mesmo diante da proposta de redenção pelo trabalho da árdua estruturação de um planeta em desenvolvimento. Sentíamo-nos incapaz de realizar um trabalho daquela grandeza e a sensação de fracasso era constante, já que na maioria das vezes em que tivemos programas de construção para o bem coletivo não os levamos a sério como deveríamos, trazendo em nós a sensação de não sermos capazes de atuar na produção desse aspecto operacional.

---

2 Lucas 15:16 - "E desejava encher o seu estômago com as bolotas que os porcos comiam, e ninguém lhe dava nada."

3.
Encarando as consequências de nossas escolhas

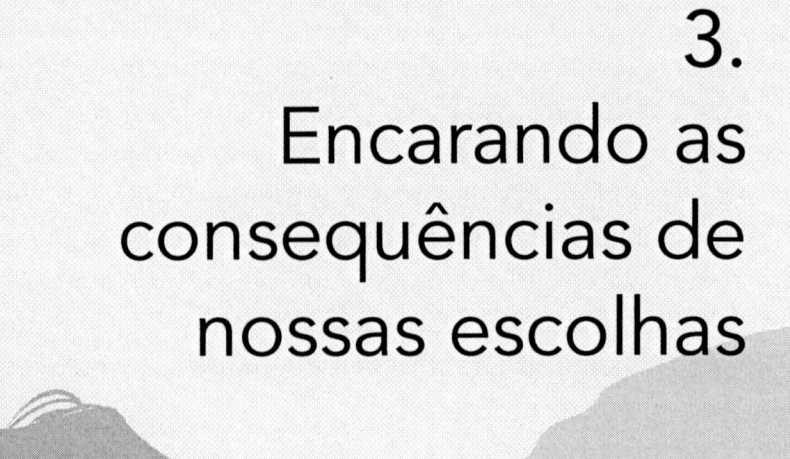

"Dizendo-lhes: Varões, vejo que a navegação
há de ser incômoda, e com muito dano [...]"
Atos, 27:10

Pela primeira vez, percebemos que todos os planejamentos e propostas que tínhamos na responsabilidade social, política e no poder junto ao povo foram desperdiçadas, pois, no anseio de usufruir mais do que os outros, desviamos grande patrimônio, canalizando-o para nosso prazer pessoal, criando um déficit tremendo aos que menos possuíam e que verdadeiramente deveriam utilizar daqueles benefícios.

Ali estávamos nós, diante do desafio de realizar, na prática, o emprego digno dos recursos que desvirtuamos, só que agora sem as facilidades técnicas e as conquistas de ordem científicas que o nosso planeta já tinha conquistado dentro de sua história evolutiva.

Estava em nossas mãos criar todos os benefícios para os espíritos daquele novo planeta. A rusticidade do ambiente primitivo a ser enfrentada era demasiadamente grande para compreendermos como conseguir os resultados programados perante aqueles que os orientavam.

Estávamos acabrunhados e fragilizados diante das experiências de poder e grandeza que buscamos ostentar em nossos cargos e ocupações e essa sensação se repetiria em muitas vidas futuras, comprometendo-nos com a Justiça Divina, tendo como resultado um fracasso deliberado conscientemente.

Não havia mais o direito a escolhas, já que as que tivemos foram mal direcionadas, e como resultado da nossa inconsequência com a lei de causa e efeito, recolhemos da infelicidade e sofrimento alheio o plantio de nossas decisões. Era necessário compreender o grau de comprometimento causado pelos nossos desmandos para sentir o quanto necessitávamos nos compromissar com o trabalho proposto.

Fracassamos em quase todas as áreas em que atuamos. Na ciência, buscamos mais o destaque e o reconhecimento que pudessem fazer crescer nossas personalidades, emocionalmente frágeis, do que os objetivos sagrados que essas atividades requisitavam da nossa inteligência. Na religião, nós transformamos a crença em Deus em um campo de exploração da ignorância, ao invés de transformá-la em direcionamento à libertação das criaturas no encontro com o seu Criador. Na arte, instigando o sexo desenfreado e a luxúria; na filosofia, pensamentos pessimistas e destrutivos que induziram as pessoas a quedas morais; na política, os desvios de recursos e a corrupção, deixando o egoísmo e a vaidade determinarem nossa conduta, criando uma desarmonia com o bem e a verdade, a utilidade e o auxílio.

Diante da necessidade inevitável de mudança, nos sentimos sem preparo para executar aquele programa extenso que deveria durar inumeráveis existências corpóreas, proporcionais às reencarnações que desperdiçamos em nosso mundo, já que não as aproveitamos adequadamente.

4.
A química nova

"Assim que já não sois estrangeiros,
nem forasteiros, mas concidadãos [...]"
Efésios, 2:19

Depois de incontável tempo de viagem, despertamos numa estrutura espacial, uma construção gigantesca que representa um centro de organização estelar, localizado no espaço próximo ao planeta que nos recebia para desenvolver a inteligência espiritual nas suas paisagens primitivas e realizar nossa redenção espiritual.

Existia a necessidade de nos identificarmos biológica e perispiritualmente com os elementos básicos que fazem parte da estrutura química da Terra, para que nossos corpos sutis se ajustassem ao novo protótipo do organismo físico já existente.

Uma onda de dúvida pairava em nossas mentes, pois assim como ocorre com o perispírito antes do nascimento, com perda de fluidos e assimilação de outros agentes de formação corporal, era indispensável mudar a estrutura espiritual trazida do planeta de origem, fazendo mudanças no corpo mental inferior, alterações essas que afetariam o perispírito, a fim de que nos ajustássemos às condições materiais e espirituais do novo orbe.

Cada planeta utiliza-se dos elementos que formam sua estrutura fluídica, química e material na elaboração dos corpos físicos de seus habitantes. No nosso caso, a mudança atingiria todas as estruturas do corpo, mas as funções dos órgãos seriam basicamente as mesmas por se tratar de um corpo humanizado. Nossos mentores nos esclareciam, tentando diminuir nossa ansiedade e medo por ter de passar por tal transformação. Esclareciam que o espírito é o agente inteligente que se reveste de substâncias diversas pelo processo natural de assimilação de forças e que molda suas condições e necessidades para usá-las a favor de seu aprendizado. Que os corpos, mesmo os sutis, sãos transitórios e mutáveis e o espírito em si é o que existe acima de tudo isso. Os processos seriam orientados e dirigidos por técnicos da área conforme o merecimento, experiência, créditos ou descréditos dos envolvidos. Essas experiências nos ensinariam o desapego aos temporários revestimentos corporais que tínhamos, para fortalecer a essência das qualidades espirituais.

Aprendemos que não somos corpos e nomes, não podendo nos apegar também a planetas ou lugares que fazem parte da nossa história evolutiva, já que no futuro nos perceberemos como seres siderais, sem raízes em lugar nenhum e tendo como casa o Universo. O rompimento com essas sensações mentais inferiores nos dilatariam o percentual de espiritualidade, a fim de nos identificarmos com o espírito que realmente somos.

A mudança de corpos espirituais se faz cada vez que nos transferimos para outros mundos, porque a matéria em cada mundo é estruturada por combinações químicas diferentes, apesar de a estrutura geral ser o formato humano. Pode haver ainda a extinção de órgãos, pois, na medida em que o ser evolui, perde-se aquele que não é mais útil e desenvolvem-se outros que favorecem a aquisição de novos valores.

O mergulho nas vibrações sutis que envolvem um orbe pode ser percebido nos registros espirituais deixados na Terra, de forma simbólica, por Moisés[1], nos quais ele descreve o desenvolvimento

---

1 Gênesis 1:6-10 - "E disse Deus: Haja uma expansão no meio das águas, e haja separação entre águas e águas. E fez Deus a expansão, e fez separação entre as águas que estavam debaixo da expansão e as águas que estavam sobre a expansão; e assim foi. E chamou Deus à expansão Céus, e foi a tarde e a manhã, o dia segundo. E disse Deus: Ajuntem-se as águas debaixo dos céus num lugar;

Samuel Gomes

dos corpos físico e perispiritual do planeta ao estabelecer a diferença fluídica das águas. Nesta simbologia, entendemos que a expansão é o símbolo do espírito em desenvolvimento do seu potencial de inteligência, atuando nos dois campos vibratórios da vida: águas de baixo – o plano material e o corpo físico – e as águas de cima – o plano espiritual e o perispírito. A porção seca representa a consolidação e aprimoramento das formas físicas e os mares representam esse aprimoramento nas várias existências.

Esses esclarecimentos nos colocaram em contato com conceitos que jamais foram observados por muitos dos degredados em função da nossa falta de interesse em estudar sobre os temas espirituais, tão presentes em nosso orbe de origem. Agora temíamos essas experiências de trocas energéticas, pelas quais nunca supomos passar em nossas vidas.

A orientação era para não nos preocuparmos, pois eram experiências naturais, sem muitas complicações, pelas quais já havíamos passado quando nos processos de renascimento e desencarnação. Indispensável passar pelas experiências em oração, confiando em Deus, para melhor nos acostumarmos com as novas sensações e recursos físico-psíquico-espirituais dali para frente.

As condições químicas eram muito próximas do orbe de origem, com alguns outros elementos desconhecidos que fariam parte das características fisiológicas de nossos corpos espirituais e físicos que, depois de ajustados e adaptados, não teriam diferenças extremas da nossa realidade. O fato é que alguns elementos químicos básicos podem ser visto por quase todo o Universo, mas existem elementos novos em todos os lugares

---

e apareça a porção seca; e assim foi. E chamou Deus à porção seca Terra; e ao ajuntamento das águas chamou Mares; e viu Deus que era bom."

no infinito da vida.

Os centros de força do perispírito representavam os núcleos de assimilação e produção energética que formariam os sistemas corporais que, por sua vez, produziriam órgãos modificados dos que existiam em Capela, porém com estruturas e formas diferenciadas. Esses centros são comandados por fenômenos automáticos, nascidos do espírito em decorrência da evolução nos diversos reinos e proporcionam uma capacidade automática de ajustamento aos elementos novos que, com o apoio técnico, torna-se algo quase natural. Funcionam com finalidades próprias, que podem apresentar estruturas e formas diversas, mas a função básica é a mesma. Cumpririam as mesmas funções dos anteriores, apenas apresentando configurações e formatos diferentes no aspecto externo.

Cada vez mais nos surpreendemos com as mudanças e não conseguimos visualizar e compreender suficientemente o nosso futuro para nos sentirmos mais tranquilos e seguros.

Estas foram algumas das amplas consequências da nossa incapacidade de melhor aproveitar as oportunidades que a vida tinha nos ofertado e que desperdiçamos no anseio individualista de aproveitar e viver melhor em prejuízo dos outros. Além disso, teríamos de viver em um planeta onde tudo precisaria ser implantado: meios de sobrevivência, agropecuária, os mais simples recursos técnicos, sistema educacional, científico, artístico, enfim, tudo que já tínhamos conquistado em nosso mundo, agora seria implantado e desenvolvido ali, ao longo do tempo. Para se ter uma ideia da ordem de grandeza das perdas, basta imaginar uma vida extremamente primária, sem a tecnologia e confortos do mundo atual.

Essas mudanças atingiam também os espíritos elevados que

nos dirigiam o degredo, uma vez que necessitavam igualmente mudar o corpo espiritual para se adequar ao novo mundo. Esta adequação seria necessária, de igual modo, caso fossem para um orbe mais evoluído, sendo que, em decorrência do grau evolutivo que já atingiram, não passariam por desarmonia e perturbação íntima, mantendo a paz interior e realizando o ajustamento natural com a nova realidade. As lições prosseguiam com o intuito de dilatar nossas capacidades divinas.

Depois de passar pelas cirurgias magnéticas nos corpos espirituais, realizadas pelos técnicos geneticistas e biólogos planetários dos laboratórios do Centro de Organização Estelar, responsáveis pelo processo de formação dos novos corpos, dos mecanismos reencarnatórios e da evolução do planeta, continuamos sendo nós mesmos, mas com uma constituição diferente, mostrando-nos que o espírito é realmente o agente do processo existencial. Estávamos lúcidos, mas adaptados ao que seria o novo corpo espiritual. A condição da humanidade era a mesma, só o corpo tinha suas diferenças com relação ao protótipo anterior.

O processo de mudança não foi algo extraordinário e sim uma questão de simples ajustamento. Com o desenvolvimento espiritual, e passando a fazer parte das equipes, fomos aprendendo a operar nas diversas linhas de desenvolvimento e entendendo que as mudanças se dão nos aspectos técnicos e específicos de estruturação orgânica entre os corpos do planeta Terra e os do planeta de origem. Nessa época, os medos com relação a essas mudanças tinham sido superados.

Agora, o novo anseio estava direcionado para como seria a realização das mudanças no corpo físico, nas futuras reencarnações, já que fomos informados que os homens terrenos tinham ainda as feições animalizadas, caminhavam encurvados, sem desenvolvimento da fala, do tato e de outras tantas capacidades que trazíamos. Auxiliaríamos para dar àquela vestimenta física um aperfeiçoamento adequado, aproximando-os das condições ideais que existiam em nosso planeta de origem, para que o homem terreno, mais aprimorado, usasse toda a sua capacidade em benefício próprio e da sociedade.

As primeiras reencarnações dos capelinos na Terra foram as dos espíritos mais tamponados, para poder aproximar as condições de afinidade e, a partir daí, operar enxertias de melhoria e aprimoramento nos corpos humanos dos naturais do orbe no futuro, até atingir a forma que possibilitasse qualquer espírito capelino reencarnar. A primeira base é a de proximidade entre eles e depois intervir nas mudanças. Esse processo é chamado pelos técnicos da evolução de estabelecimento do *filtro de transformismo*[2] nos organismos físicos. Além disso, tínhamos que introduzir novas raças além daquelas que já existiam no orbe e que serviram como base na formação das raças da Terra.

Como cada grupo de espíritos tinha uma missão no aspecto de aprimoramento, com fases diferentes, os que nasciam primeiro eram sempre mais tamponados do que os seguintes e assim

---

2 Filtros de transformismo — "O princípio inteligente é experimentado de modos múltiplos no laboratório da Natureza, constituindo-se-lhe, pouco a pouco, a organização físico-espiritual, e traçando-se-lhe entre a Terra e o Céu a destinação finalista. Com o amparo dos Trabalhadores Divinos fixa em si mesmo os selos vivos da reprodutividade, que se definem e aperfeiçoam no regaço dos milênios, deixando na retaguarda, como filtros de transformismo, não somente os reinos mineral e vegetal, institutos de recepção e expansão da onda criadora da vida, em seu fluxo incessante, como também certas classes de organismos outros que passariam a coexistir com os elementos em ascensão, qual acontece ainda hoje, quando observamos ao lado da inteligência humana, relativamente aprimorada, plantas e vermes que já existiam no pré-câmbrico inferior." *Evolução em dois mundo* – Capítulo 6, autor espiritual André Luiz, pela psicografia de Chico Xavier.

sucessivamente. As introduções transformadoras eram feitas nos planos espirituais, por ser esse corpo mais maleável. Já com o perispírito alterado, os capelinos reencarnavam para fixar os caracteres nos corpos físicos, voltando para o plano espiritual já com algumas conquistas para novamente reencarnar, quantas vezes necessárias, fixando as alterações.

Todas essas questões nos afligiam muito, já que não seria fácil retornar naquelas desafiadoras condições, tanto no aspecto da natureza, ainda muito densa e virgem, como também nas condições biológicas a enfrentar para reencarnar junto àqueles homens brutos.

Para dilatar nossas reflexões, trago aqui um exemplo recente deste processo de aprimoramento. Nosso irmão Francisco Candido Xavier serviu para o aperfeiçoamento tanto do corpo espiritual como do corpo físico, no que concerne aos dois campos, para que no futuro os corpos possam receber espíritos mais sensíveis, amorosos e com capacidades mediúnicas mais amplas.

5.
O grande encontro

"Depois nós, os que ficarmos vivos, seremos arrebatados juntamente
com eles nas nuvens, a encontrar o Senhor nos ares [...]"
I Tessalonicenses, 4:17

Estava programada uma grande reunião junto aos organizadores
do orbe e seu Governador Maior.[1] No Centro de Organização
Estelar, local onde esses espíritos reuniam-se para operar junto
à Terra, na hora exata desse conclave, entramos numa praça
descomunal, destinada para eventos colossais, capaz de abrigar
um número imenso dos espíritos dos capelinos mais lúcidos. Em
uma tribuna com diversas cadeiras, acessível ao campo visual
de todos por meio de avançada tecnologia de reprodução de
imagem, estavam presentes vários espíritos elevados ligados ao
nosso mundo e responsáveis diretos pelo nosso soerguimento
espiritual, bem como elevados instrutores do novo orbe, em
condições idênticas de evolução e que estariam vinculados ao
processo de renovação a que fomos chamados.

Uma música celeste era entoada. Numa perspectiva íntima,
tocados por emanações e estímulos elevadíssimos que sensibili-
zavam nossas fibras mais profundas, nossas faces se banhavam
em lágrimas sem sabermos o porquê daquela comoção. Em
pouco tempo, vimos surgir no meio de todos uma grandiosa
estrela luminosa, cujo interior lembrava a forma humana, mas
da qual não podíamos identificar as feições, tal era sua condição
evolutiva.

---

1 *A caminho da Luz* – Capítulo 3 – Item Espíritos Exilados na Terra: "Foi assim
que Jesus recebeu, à luz do seu reino de amor e de justiça, aquela turba de
seres sofredores e infelizes. Com a sua palavra sábia e compassiva, exortou
essas almas desventuradas à edificação da consciência pelo cumprimento dos
deveres de solidariedade e de amor, no esforço regenerador de si mesmas."
Autor espiritual Emmanuel, pela psicografia de Chico Xavier – FEB Editora.

Impactados pela energia daquela cena impressionante, que nunca esqueceremos no percorrer da eternidade, nos ajoelhamos espontaneamente, submetidos ao irresistível encanto e magnetismo Daquela presença a nos dominar o raciocínio e a ação, parecida a de um anjo sublime descendo em plena região inferior para nos acolher em Seus braços amorosos e coração aconchegante.

Nunca havia experimentado tamanha sensação de conforto e paz, numa emoção que não sabia ser capaz de sentir.

Aos poucos Seu rosto tomou feição humana, onde se destacava Seu olhar profundo e bondoso. Olhava-nos como a sentir-nos por dentro, de perto, um a um, emitindo de Seu tórax uma irradiação que nos penetrava a alma e nos imantava em seu magnetismo suave e inacreditavelmente sensibilizador.

Se no meu remoto passado evolutivo experimentei tal emoção, não me lembro, mas aquele momento de júbilo pleno poderia ser nomeado como a sensação de estar no céu, no qual queríamos permanecer para o resto de nossas vidas. Já não importava o que fizemos nem o que nos aguardava, apenas havia a necessidade de eternizar aqueles instantes nos quais nos sentimos como se não existisse nem princípio, nem fim.

Uma sensação de eternidade, de comunhão com planos jamais imaginados estavam presentes ali. Muitos espíritos da Terra, que participaram daqueles momentos de êxtase profundo, guardam em sua intimidade aquelas notas de inigualável bem-estar.

Parecia que uma inebriante atmosfera sustentada por uma fonte de energias divinas penetrara todo o ambiente e principalmente nossos corações. Naqueles momentos, os medos, as ansiedades, as desesperanças e as perturbações desapareceram de nossas mentes como por encanto. Sentíamo-nos como verdadeiros lutadores prontos para seguir as ordens de comando Daquele ser celestial, sem receios do que iríamos encontrar ou ter de fazer, e só descansaríamos quando o objetivo fosse alcançado.

A expectativa de poder ouvi-Lo era enorme em meu coração e provavelmente no de todos ali presentes.

No amanhã, quem sabe, alguém que ali esteve possa pintar essa cena que ficou registrada em nosso íntimo, dentro da eternidade, para que os corações daqueles que não tiveram essa oportunidade possam avaliar a felicidade que sentimos por viver aquele momento.

6.
Palavras de vida eterna

Aquele Ser em forma de estrela viva, a irradiar a influência de energias bem-aventuradas e transcendentes, mantinha-nos em estado de passividade, entregues ao fascínio que Sua presença exercia sobre todos, estado esse que ficaria eternamente gravado em nossos espíritos, tamanho o poder e a beleza rara de um Ser como aquele.

Diante de Seus olhos, que brilhavam como duas chamas, e da grandiosidade espiritual que emanava, nos sentimos frágeis e vazios, como meras expressões de seres ínfimos e sem valor, e que até ali, arrependidos de tudo o que fizemos, permanecíamos aguardando a possibilidade de estar com Ele e segui-Lo onde quer que estivesse. Uma ânsia de ouvi-Lo e sentir o perfume de suas palavras nos fazia abrir a mente como uma flor perante o sol.

E assim, Ele nos falou:

— "Benditos irmãos, que meu Pai entregou em minhas mãos, desbravemos juntos os terrenos deste planeta que é a escola de almas em benefício dos seres que abriga, a fim de que conheçam, de forma consciente, a bondade Daquele que os criou e que os ama, mesmo antes de poderem compreender a existência própria.

Inúmeras oportunidades de trabalho lhes aguardam para que possam se refazer do desprezo com que lidaram com as possibilidades oferecidas aos seus espíritos, para refletirem a sabedoria e a inteligência Daquele que gerou em vocês a capacidade de amar e criar.

Venho, em nome do Seu amor, convidá-los diretamente para construirmos uma estrada de experiências para esses irmãos pequenos, que começam a dar os primeiros passos rumo às responsabilidades que o Pai determinou aos seus espíritos e para cumprirem os deveres que lhes cabem, bem como a todos nós, de lealdade ao Seu amor no conserto da Vida.

Sei que na intimidade de cada um se encontram dúvidas e incertezas, mas é imprescindível abraçar a dinâmica viva da vontade Dele, que é a única meta pela qual devemos direcionar nossas vidas. Esse é o caminho para que possamos criar o estado de felicidade imperecível, atingindo a possibilidade de refletir-Lhe a presença por meio de nós mesmos e cumprir-Lhe as determinações sábias e justas.

Muitos dos amores que ficaram para trás endereçam aos seus corações um tributo de amor e estímulos, na esperança de que vocês sejam os desbravadores do bem para os corações mais novos, que aguardam a nossa colaboração para que um dia, no futuro, possam andar com os próprios pés.

Vocês sentiram as amarguras da solidão criada pela incapacidade de valorizar os afetos de ontem e os esforços destes em seu favor, agora, experimentam, por sua vez, o que eles sentiram por vocês no âmago de seus corações, avaliando o quanto de dedicação eles ofertaram. Hoje, vocês estão sendo convocados a lhes repetir os gestos de amor e sacrifício pelos seres que não terão a capacidade de restituir uma só partícula do que vocês oferecerão em benefício deles mesmos.

Sentirão a ingratidão que tanto produziram, o menosprezo que destilaram, a humilhação com que trataram os que estiveram ao seu lado, mas, com a fé na certeza de retornarem para junto daqueles corações que lhes esperam. Empregarão o suor de seus rostos e a ação de seus braços para comer o pão bendito da sua recuperação perante a justiça de nosso Pai, até que retornem com a alma iluminada pela força de suas determinações e pela coragem em agir no bem sob a orientação da Verdade.

Venho pedir-lhes este esforço de trabalho e abnegação para que transformem seus espíritos em estrelas do céu do Criador de todas as coisas e de todos os seres.

Vocês ensinarão a esses irmãos menores a beleza das atitudes racionalizadas, a delicadeza dos sentimentos florescentes e nobres, o desenvolvimento dos potenciais divinos que, como pedras preciosas no interior do terreno íntimo, deverão ser garimpados e utilizados em benefício de si mesmos.

Quanto trabalho a fazer! Quantas dificuldades a vencer! Mas nada disso será maior do que a recompensa de poder erguer seus próprios espíritos que, como filhos pródigos, não souberam utilizar as riquezas que nosso Pai lhes entregou, desperdiçando o poder de se transformar e se edificar para a vida imperecível".

Após alguns minutos de silêncio, para que as informações penetrassem em nossos espíritos e para sentirmos o que pedia aos nossos corações, Ele continuou:

— Pela felicidade e renovação de seus espíritos, venho hoje pedir que se coloquem à disposição de servirem, em nome do amor do nosso Pai por todas as suas criaturas. Tudo farei para que possam vencer as imperfeições e limitações que carregam. Nas experiências duras e lapidadoras de suas almas, conquistarão a paz e a harmonia que pertence à natureza essencial do ser, mas que estão soterradas nas montanhas e pedregulhos de imperfeições e desvios.

Deixarão um patrimônio de experiências e ensinamentos registrados na história evolutiva deste orbe que servirão de alicerce aos povos do futuro e sobre os quais se desenvolverão, no planeta, suas características de viver, sob a imperiosa influência de seus esforços.

Chegará o dia em que retornarão ao paraíso perdido do seu orbe de origem, laureados pela renúncia e pelo trabalho árduo com que construíram a subida aos montes da elevação e da paz.

E para que não se sintam sós, eu mesmo estarei um dia com vocês na face da Terra, para relembrá-los o compromisso agora firmado entre os seus corações e o meu, que já os ama e reconhece que empregarão suas vidas em benefícios dos novos filhos do coração, entregues a mim pelo meu Pai, para desenvolver neles a fonte de água viva que trazem no próprio interior e que um dia lhes matará a sede de crescimento para a comunhão com o coração amoroso de Deus.

Nos dias em que eu estiver junto de vocês, muitos recusarão o meu amor e ainda me entregarão ao martírio, para que fique profunda e indelevelmente gravada em seus espíritos a lição de que só por meio da renúncia em favor da felicidade alheia poderemos refletir o sagrado amor que o Pai tem por todos nós.

Essas minhas palavras de comprometimento serão lembradas pelos profetas[1] a fim de que possam identificar-me junto de seus passos e perceber que estarei com vocês no trabalho de edificação e desenvolvimento de mais uma morada celestial que, um dia, brilhará no meio de tantas

---

1 IS 52:6 – "Portanto o meu povo saberá o meu nome, por esta causa, naquele dia; porque eu mesmo sou o que digo: Eis-me aqui."

outras que se identificam com as Leis que nosso Criador determinou para todo o Universo.

Recebo-lhes em meu coração e os amo para sempre. Deixo-lhes a minha paz, não a paz que vocês oferecem em suas expressões, a inércia e a inutilidade, mas sim a da alegria de podermos viver em fidelidade aos propósitos de nosso Pai, que atua para que trabalhemos da mesma forma também, pois o maior testemunho que podemos oferecer é o de Lhe cumprir a vontade sábia e justa para vivermos definitivamente em Seu seio de amor e paz, na eternidade.

7.
Recomeçando pelo Projeto Adão

"Assim está também escrito: o primeiro homem,
Adão, foi feito em alma vivente [...]"
I Coríntios, 15:45

A amorosa repercussão magnética do Cristo nos nutria com novas e vigorosas energias para operarmos na vida, criando uma forte disposição de querer vencer e servir, condição esta que, até agora, diante da programação apresentada pelos organizadores de nosso exílio, nunca tivemos.

Imprimindo uma afetuosa despedida na intimidade de cada um de nós, deixou-nos entregues ao recolhimento necessário para podermos refletir no convite Dele, anjo divino que nos tocara profundamente. Se até agora não acreditávamos que Deus existia em nossas vidas, a partir daquele momento decisivo Ele nos fez repensar definitivamente os nossos valores e crenças.

Encontrava-me extasiado e não era só eu. Muitos dos companheiros que estavam ao meu lado pareciam ter as mesmas impressões, expressando uma disposição de querer mudar e agir em prol da nossa libertação.

Naquela noite em especial, fui arrebatado em espírito[1] e reencontrei muitos de meus vínculos afetivos que estavam distantes. Dialogávamos através de aparelhos de comunicação de longo alcance, de esferas espirituais superiores, para receber o estímulo que eles tinham a ofertar para promover a reforma

---

1 Entendemos aqui que, durante o sono do espírito no plano espiritual, houve o desdobramento do corpo mental para que esse deslocamento fosse possível. Como seus vínculos afetivos já eram espíritos mais elevados, que transitavam em esferas espirituais mais sublimes, o intercâmbio só seria possível com essa emancipação. (N.E.)

íntima que negligenciei quando tive oportunidade de realizá-la. Esses encontros criavam fortalecimento em nossos seres, pois estávamos mais abertos a cumprir nosso legado de trabalho e renúncia.

No dia seguinte começaram os preparativos e estudos para saber o que fazer e como operar nos desafios reencarnatórios dali para frente.

Divididos em turmas diversas, elaboramos as projeções futuras com uma equipe de estrategistas reencarnacionistas, investigando as condições humanas já conquistadas em diversos pontos do globo para começar a imprimir mudanças nesse cenário, ainda bem rústico e limitado. Era essencial implantar novas técnicas de sobrevivência, de exploração do espaço físico e da alimentação, introduzindo os princípios de uma comunicação mais avançada através da fala, ainda bem precária, e, neste começo de adaptação, possibilitar as mudanças das raças que surgiriam além das que já estavam sedimentadas até o momento pelos biólogos e cientistas siderais.

A inserção de nossos espíritos resultaria em vertiginosa conquista de diversos patrimônios que antes estava sendo realizada por grupos menores de espíritos e em setores específicos. Agora chegariam resultados mais amplos e satisfatórios, já que o conjunto de espíritos mergulhados no ambiente físico seria efetivado em larga escala.

Os operadores desta primeira etapa nos explicaram que a reencarnação junto aos homens da Terra se daria com expressivo tamponamento mental para não sentirmos o impacto da diferença entre os implementos cerebrais daqueles corpos com os dos nossos perispíritos. À medida da aproximação vibratória e material com eles, se criaria uma diferenciação melhor e, com o passar do tempo, o grau de tamponamento se desfaria, desenvolvendo maior grau de ligação com eles e despertando, cada vez mais, o potencial já conquistado, introduzindo transformações mais efetivas e favoráveis ao crescimento do planeta.

Os espíritos que se comprometeram para essa primeira etapa foram os que mais faliram na utilização da inteligência e por isso integravam o grupo com compromisso mais direto nesse setor de ação, sendo nomeados como o Projeto Adão ou Grupo Adâmico[2]. Muitos espíritos exilados não participaram desses projetos por estarem ainda inaptos. Só quem estava mais consciente da necessidade de mudança pôde participar. Esse pequeno grupo já tinha compromisso com a queda no campo da razão e conforme os projetos caminhavam, aumentava a participação deles, uns de forma consciente, outros não.

À medida que um maior número de espíritos reencarnasse, introduzindo cargas genéticas mais desenvolvidas, maior seria a contribuição para mudanças nos caracteres do corpo, visando à utilização dos recursos psíquicos, dilatando a psicosfera mental do próprio orbe e dando ensejo para a construção dos planos espirituais em torno da crosta, estabelecendo novo intercâmbio entre todos nós e dilatando o poder verbal e mental das criaturas.

Toda a formação dos planos espirituais é feita do Fluido Cósmico Universal, em suas expressões diversas de movimento, estrutura e semimaterialização. À medida que os espíritos desencarnavam uniam-se em grupos, naturalmente, e iam formando esses planos espirituais, assim como se organiza uma

---

2 *Futuro espiritual da Terra* – Capítulo 7 –Os exilados de Capela, Adão, Eva e a serpente, autor espiritual André Luiz, pela psicografia de Samuel Gomes – Editora Dufaux.

cidade que aos poucos se torna grande metrópole.

Alguns laboratórios já haviam sido construídos com o auxílio dos espíritos técnicos que ali operavam para favorecer o desenvolvimento, porém, apesar de chamados de planos espirituais, esses laboratórios não possuem características comuns com os mais próximos da Terra, pois esses espíritos estão mais livres no movimento da vida universal.

Apesar de esse relato parecer simples e rápido, a execução desses projetos durou muitas eras. Com o auxílio dos técnicos espirituais e com o passar dos milênios, identificados com a realidade reencarnatória do planeta, já não havia tantos impactos e passamos a não lembrar o passado distante do outro orbe com tanta facilidade, até porque, era essencial nos sentirmos ambientados na nova realidade a que fomos chamados a viver. Só poderíamos recordar com maior facilidade o nosso passado distante após desenvolver um padrão de conquistas morais decorrentes de responsabilidades assumidas com seriedade, que nos permitissem acessar essas prerrogativas de direitos baseados no cumprimento do dever e no merecimento adquirido.

Aos poucos o padrão de tamponamento foi se desfazendo, começando a reunir uns e outros pelas afinidades íntimas fazendo com que, aos poucos, percebêssemos a diferença entre nós, os exilados, e os homens primitivos da Terra.

Samuel Gomes

8.
Adão e o Projeto Eva

"Porque primeiro foi formado Adão, depois Eva."
I Timóteo, 2:13

A apreensão ainda nos rondava, mas conquistamos maior firmeza diante do trabalho a realizar. Quanto mais disposição com os compromissos assumidos, maior era nosso anseio de paz e harmonia. Naqueles milenares períodos de aprimoramentos biológicos dos corpos, íamos, aos poucos, atuando na estrutura genética e nas tessituras energéticas do espírito, edificando melhor padrão de humanização e, à medida que retornávamos aos planos espirituais, tínhamos maior noção da nossa condição espiritual, ampliando aos poucos nossas memórias e criando uma consciência mais desperta.

No início da introdução dos grupos de capelinos, as demarcações de tempo eram muito reduzidas com relação à contagem da Terra em função do grau de ignorância e falta de ciência neste sentido.

No período de consolidação dessas conquistas, foi introduzida a segunda leva de espíritos, mais conscientes do que o estágio no qual já estávamos. Tinham como objetivo aprimorar a sensibilidade do ser, que já não sentia o peso do tamponamento mental. Vinham com a necessidade de aprimorar as emoções mais elaboradas para o desenvolvimento da asa do sentimento que junto à asa da razão, fariam com que os seres pudesse dar voos mais profundos na conquista evolutiva, simbolizando, assim, a personificação do anjo que viriam a ser.

Esse grupo era maior que o do Projeto Adão e entraria conosco no trabalho de aprimoramento generalizado dos homens da

Terra, dando-lhes condições de, em algum tempo, caminhar com os próprios pés e assumir o desenvolvimento de sua juventude espiritual, preparando-se para sair da infância nesse aspecto, processo que dependia muito da vida em comum conosco, bem como dos instrutores espirituais para ser vivenciado. Em função do projeto, de seus objetivos e propostas mais amplas, a segunda leva abria oportunidades para que muitos mais espíritos pudessem participar.

Poderemos denominar essa segunda leva de espíritos como Projeto Eva ou Grupo Evânico, de acordo com a simbologia das escrituras sagradas. Era exatamente o grupo de espíritos que caíram devido ao mau uso dos sentimentos que foram distorcidos e desequilibrados pelas experiências do apego, do egoísmo, do desgoverno das energias sexuais, da vaidade e tantas outras que representam resíduos emocionais inferiores que desvirtuam o nosso modo elevado de sentir. Eram espíritos confundidos no campo afetivo para criar em si mesmos uma gama de prisões e ligações indevidas, que só no tempo poderiam ser desfeitas pela retificação moral.

Era necessário instigar as energias das emoções e sentimentos menos animalizados e mais dominados sobre as paixões e sensualidade, despertando no homem em formação o prazer por outras áreas que a sensibilidade aprimora na arte, na ciência e em outros interesses, a fim de colocá-lo à prova perante essas forças para que, um dia, também aprendesse a dominá-las e usá-las com sabedoria.

O processo evolutivo nos apresenta desafios de conformidade com o progresso que adquirimos na romagem de crescimento, sempre nos convidando a operar e contribuir com a vida, quando já somos detentores de capacidades cada vez maiores de representar a Inteligência Superior que rege o Universo.

O filho deve ser grato ao Pai quando assume o papel de administrador dos bens que Ele deposita em suas mãos, para representá-Lo com responsabilidade e fazer dessa proposta uma meta de fidelidade e amor, para que Sua herança seja bem acolhida e usada.

Nessas novas propostas, reencontramos aqueles companheiros do passado que se ligaram a nós pela lei de causa e efeito, no uso distorcido da razão baseada no anseio de usufruir ultrapassando o direito alheio, na ganância de possuir sem esforço pessoal, no padrão de mandar sem obedecer e de tantos outros comportamentos inferiores que construíram o conjunto de possibilidades que a realidade nos oferecia. Ressaltamos também que criamos laços com aqueles que, na artimanha de seduzir e conduzir as energias de aspecto mais feminino — os sentimentos — sintonizavam com os nossos anseios de alcançar uma felicidade ilusória, baseada no prazer e no gozo, entretendo-nos com o esgotamento e viciação das nossas forças criadoras, das quais saímos muito mais desgastados do que felizes.

O roteiro evolutivo de nossa caminhada entre a animalidade e a humanidade vividas por nós na transição do nosso planeta e desta para nossa condição de espíritos, são fases nas quais mais nos agarramos e movimentamos em círculos até que, saturados dessa roda de reencarnações inferiores, abrimo-nos às linhas retas de caminhada rumo ao Pai que, para a Terra, se dá agora, com a implantação da sua regeneração.

Genericamente falando, o grupo de espíritos que saíram do Éden de nosso planeta de origem para descer nesse planeta em formação, poderia, no futuro, ser dividido em quatro grandes grupos[1], afinizados pelas tendências e pelos compromissos com erros similares do passado, que precisariam se redirecionar para

1 Gênesis 2:10: - "E saía um rio do Éden para regar o jardim; e dali se dividia e se tornava em quatro braços."

alcançar a reeducação e o aprimoramento.

A descrição bíblica de que um rio descia do Éden para a Terra é o símbolo de um grande número de espíritos em processo de reencarnação, onde esse mecanismo de mergulho no corpo está simbolizado nos livros sagrados com a palavra água. Dessa forma, pelo volume de reencarnações que acontecia ao mesmo tempo, este caudal se classificaria como um rio de expressão volumosa, onde cada braço desembocaria em determinada região, para o desenvolvimento de raças diferentes, atendendo o aprimoramento dos homens novos e também para a exploração do espaço físico desse planeta, criando as primeiras civilizações organizadas para o futuro desse orbe e que, a cada período, poderia abrir suas portas para que mais espíritos disponíveis a esse aprendizado pudessem aportar em suas terras e fazer crescer essa escola de almas, no objetivo claro que cada planeta tem no concerto da vida universal.

Adão e Eva se encontravam nesse processo de aperfeiçoamento para proporcionar um novo ciclo de desenvolvimento de múltiplos valores, para que o homem pudesse se edificar dentro de sua responsabilidade perante Deus, seu Pai e Criador.

9.
O Projeto
Serpente

> "Mas temo que, assim como a serpente
> enganou Eva com a sua astúcia [...]"
> II Coríntios 11:3

A ampulheta do tempo corria vertiginosamente com o surgimento das grandes civilizações no planeta[1]. As dificuldades eram imensas em função da falta de sintonia entre os grupos de exilados colonizadores e da dificuldade de aproximação com os nativos, decorrente, principalmente, do grau de barbárie que eles apresentavam no seu modo de viver. Suas reações brutas e violentas diante de nossas ações intempestivas e inconsequentes faziam-nos repensar a maneira de nos relacionar com eles.

Essas ações desrespeitosas que também tínhamos com os irmãos do outro orbe caíam sobre eles como agressão e violência, e diante das quais suas respostas, também agressivas, nos indicavam a necessidade de desenvolver o perdão e as reflexões mais elevadas que, por nossa insensibilidade, não percebíamos até então. Ali, diante daqueles espíritos bestializados, estávamos recebendo de volta reações bem diferentes das que recebíamos no noutro orbe, pois quanto mais violenta nossa ação junto deles, bem mais fortes eram suas reações, desdobrando em nossa direção maior índice de violência. Tínhamos então a imposição de buscar uma nova forma de agir e uma nova estratégia de comportamento.

---

1   As informações históricas registram que estas grandes civilizações surgiram por volta do quarto milênio a.C. com a característica principal de terem se desenvolvido às margens de rios importantes, como o rio Tigre, o Eufrates, o Nilo, o Indo e do Huang He ou rio Amarelo. A Mesopotâmia é considerada o berço da civilização. Esta região foi habitada por povos como os Acádios, Babilônios, Assírios e Caldeus. Entre as grandes civilizações da Antiguidade podemos citar ainda os fenícios, sumérios, os chineses, os gregos, os romanos, os egípcios, entre outros. (N.E.)

As distâncias evolutivas entre os grupos de almas prescritas, em processo de reabilitação moral – Adâmicos e Evânicos – e os espíritos originados da Terra eram grandes e evidentes. O difícil encontro conosco surgia claramente em função das nossas condições mentais mais dilatadas, criando obstáculos e abismos de proximidade junto daquelas almas mais novas. A maturidade mental entre nós e eles era muito grande e optamos por criar os grupos iniciáticos que, em outras palavras, significavam selecionar os espíritos afins e criar as primeiras separações de classe social ou religiosa, tendo de um lado os terrenos ignorantes e brutos, reativos e animalizados, e do outro os capelinos, mais adiantados em interesses e buscas, conhecimento e técnicas.

Diante desse distanciamento, na época da formação das primeiras cidades ou agrupamentos coletivos, surgiu a presença de um terceiro grupo de espíritos que mergulharia naquele cenário e que vinha também de nossa casa sideral. Adentrariam no planeta com a condição de tamponamento mental para poder, a partir dali, agir com maior êxito no uso dos recursos que já tínhamos implantado, favorecendo maior salto no surgimento de capacidades e adiantamento nas diversas áreas nas quais podíamos atuar.

A diferença desse terceiro grupo era exatamente a das características espirituais, extremamente próximas das condições dos espíritos terrestres, com aspectos rasteiros e primitivos. Era o grupo de espíritos que nomearemos como Projeto Serpente ou Grupo Serpentino, aquele que representou a figura bíblica da serpente junto a Adão e Eva, seus protagonistas nas quedas em função do mau uso da razão e do sentimento, desvirtuados do bem.

Samuel Gomes

Eles eram os comparsas do ontem, espíritos primitivos naturais de Capela, que surgiriam no cumprimento da lei de causa e efeito, nos cobrando o déficit de crescimento que necessitavam diante dos recursos íntimos que possuíamos e que não soubemos dinamizar em seu favor, influenciando diretamente suas posições de inferioridade ou de queda.

Eles vinham encontrar os semirreponsáveis – porque eles também tinham sua parcela de culpa – por suas condições de queda, já que instigamos, através do poder que usufruíamos, suas tendências animalizadas na manutenção de nossos interesses e riquezas. É o que acontece hoje com muitos espíritos que usam de todos os ganhos conquistados e acabam por mergulhar em compromissos éticos e morais graves com a exploração sexual, guerras, drogas e outras tantas loucuras morais.

Este grupo tinha melhor sintonia com os primitivos em nível de comunicação e interesses, e através deles puderam introduzir uma ligação mais eficaz com os demais capelinos. Esse era um dos principais objetivos de sua presença em além da necessidade de experiência que o planeta lhes ofereceria em crescimento. Pela espontânea sintonia com os espíritos terrenos, sua facilidade de adaptação junto deles foi tranquila e natural. Resgatávamos assim os vínculos cármicos inadiáveis com nossos irmãos exilados que ressurgiram para a devida liquidação de nossas dívidas e a adequação aos padrões superiores da existência. Como abençoada consequência, também nos ligamos àqueles irmãos menores para lhes deixar um legado de aprendizado e experiências de crescimento.

Dessa maneira, as raças adâmicas, evânicas e serpentinas apareceram no planeta e foram traduzidas em forma da história no livro sagrado dos Judeus – a Bíblia – e em livros consagrados de outras raças com narrativas diferentes.

Nesta dinâmica, buscamos as possibilidades redentoras junto aos companheiros caídos que ajudamos a empurrar para o buraco dos sofrimentos, construindo em consequência a estruturação do próprio planeta Terra, atendendo ao chamado d'Aquele que nos tocara o coração.

10.
O desenvolvimento das raças

"E de um só fez toda a geração dos homens [...]"

Atos, 17:26

Estabelecida a nossa fixação na coletividade terrena, conquistamos, cada vez mais, o espaço na comunidade em formação. A miscigenação dos espíritos decaídos com os espíritos da Terra ocorria da forma programada pelos responsáveis do nosso exílio.

Tínhamos cem por cento de nossas capacidades mentais já resgatadas, saindo da prostração psíquica que nos limitava a ação. Foi exatamente aí que nossas predisposições do passado começaram a emergir com maior expressividade, na luta contra as orientações do Alto que, de alguma forma, representavam a voz divina em nossas consciências, orientando-nos em relação ao que podíamos ou não fazer.

Este momento de rebeldia é narrado, simbolicamente, na determinação superior de nos alimentarmos espiritualmente de todas as árvores do jardim (usufruir plenamente de todas as experiências que oferecem o alimento nos anseios de crescimento intelecto-moral), com exceção da árvore que trazíamos dentro de nós – a da aquisição da razão – cujas raízes nos ligavam ao nosso passado de mazelas morais e de intenções distorcidas da verdade.[1] O próprio cristo disse que se conhece a árvore pelo fruto. Quantos frutos o homem terreno teve, com a ação do nosso grupo, em aperfeiçoamento no vasto campo de evolução!

---

1 Gênesis 3:3-5 - "Mas do fruto da árvore que está no meio do jardim, disse Deus: Não comereis dele, nem nele tocareis, para que não morrais. Então a serpente disse à mulher: Certamente não morrereis. Porque Deus sabe que, no dia em que dele comerdes, se abrirão os vossos olhos, e sereis como Deus, sabendo o bem e o mal."

No momento de consciência plena, nossos olhos se abriram e com isso descobrimos o que nosso anseio de felicidade representou um dia, quando predominavam as expressões egoístas e superficiais na antiga morada planetária. Mas, se para nossos espíritos esse comportamento era totalmente inadequado, para nossos irmãos terrenos era necessário que isso ocorresse para seu crescimento espiritual, já que eles estavam em processo de desenvolvimento do ego. Quando o homem passa a usar os poderes da mente para elaborar um pensamento focado em suas necessidades e age para a aquisição desses recursos, criando o campo do interesse pessoal, surge a matriz do ego na evolução.

Foi assim que tomamos consciência das intervenções magnéticas que tamponavam nossos impulsos do passado e nos protegia deles. Ao deixarem de existir, era como se nós nos sentíssemos "nus", cientes do patrimônio infeliz do pretérito, incrustado em nosso ser.

Para entender melhor o que nos aconteceu, vou usar como comparação o ato do renascimento no qual o espírito, no período da infância, sofre um tamponamento das suas tendências adquiridas nas vidas passadas para possibilitar novos aprendizados e hábitos, sendo que na fase de adolescência os impulsos e características próprias do ser emergem naturalmente como predisposições. Assim, nossa fase de adaptação e ajustes passou como uma fase de infância espiritual e agora, com os recursos do passado voltando, precisaríamos nos educar de forma mais direta.

No despertamento de nossos impulsos, surgia também a voz da consciência mais profunda, como o reflexo da voz de Deus dentro de nós, a nos convidar às considerações elevadas para o resgate sustentado pela inspiração dos mentores que nos acompanhavam nesse trabalho.

Nessa fase, estávamos ligados aos padrões emocionais do Grupo Evânico e também aos interesses do Grupo Serpentino que, obedientes ao que lhes induzíamos a viver, voltaram aos mesmos comportamentos inadequados, atraindo-nos, por consequência, para as mesmas propostas que nos fizeram cair no outro orbe, elaborando armadilhas criadas por nós mesmos na repetição dos erros.

O momento era para trabalhar as emoções e os elementos íntimos nas oportunidades dos encontros e reencontros realizando, na convivência física, os resgates e propostas de crescimento, ao mesmo tempo em que eram criados os mecanismos de educação e reajustamento consciencial com consequente aprimoramento dos hábitos nocivos do passado.

Acessíveis à orientação elevada de nossos mentores, mantivemos a disciplina espiritual fundamentada pela razão e pelo conhecimento consciencial, e não nos deixávamos levar num primeiro momento em direção a esses estímulos. Contudo, os aspectos prazerosos da sexualidade e da sensibilidade distorcida encontraram ressonância em nossa intimidade, deixando-nos levar por essas insinuações, como a refletir a figura emblemática da serpente seduzindo Eva, e ela convencendo a Adão, caminhando por experiências desgovernadas que criavam, dentro da lei de causa e efeito, uma nova trajetória de dores e sofrimentos.

À medida que retornávamos aos planos espirituais, a consciência nos cobrava com maior ênfase, produzindo verdadeira luta entre o bem e o mal.

Nesse despertar mais doloroso, através do suor do trabalho redentor, comeríamos o pão[2] do esforço pessoal para vencer nossas tendências negativas e, ao mesmo tempo, educar aqueles que ontem prejudicamos. Seria travada a batalha interior entre os impulsos de animalidade – a serpente –, os raciocínios e leis – a razão –, e a cabeça da mulher – os sentimentos. A razão bem orientada deverá, pela vontade, estar na condução das forças emocionais para dirigir-lhes os impulsos na solução e nos propósitos de crescimento.

Para "matar" aquela serpente era necessário ferir sua cabeça, o que só poderia ser feito usando o pé para pisá-la. Ao fazer isso, corria-se o risco de ela ferir o calcanhar, isto é, desses impulsos serem mais fortes do que a necessidade de fazer melhores escolhas, repetindo assim o passado. Tudo isto simbolizava a luta entre os impulsos animalizados e a vontade que deve ser superior a eles.[3]

Foi assim que, aos poucos, os vínculos reencarnatórios nos aproximaram dos espíritos daqueles com os quais tínhamos débitos, que retornavam na posição de filhos e parentes para podermos resgatar e transformar esses elos por meio da educação e do aprimoramento ético que fundamentavam nossas leis indicando o comportamento grupal.

Fomos modificando nosso comportamento com esse trabalho de reencontros existenciais, ora nas condições de Adão, ora nas de Eva ou nas da Serpente, desenvolvendo coletivamente

---

2 Gênesis 3:19: "No suor do teu rosto, comerás o teu pão, até que te tornes à terra; porque dela foste tomado; porquanto és pó, e em pó te tornarás."

3 Gênesis 3:14-15: "Então o Senhor Deus disse à serpente: Porquanto fizeste isto, maldita serás mais que toda besta, e mais que todos os animais do campo; sobre o teu ventre andarás e pó comerás todos os dias da tua vida. E porei inimizade entre ti e a mulher e entre a tua semente e a sua semente; esta te ferirá a cabeça, e tu lhe ferirás o calcanhar."

Samuel Gomes

os personagens daquele enredo bíblico, a caracterizarem-se na figura de um Caim, que representava nesse contexto a serpente nascendo em nosso meio; na de Abel, que era a presença de muitos de nossos orientadores e instrutores nascendo junto de nós ao longo do tempo; e na de Enoque, que como reencarnação de Caim trazia a marca do crime e representava todos os que estavam em processo de resgate, no qual ainda usávamos da violência para fundamentar nossas relações, na dinâmica educacional da lei de causa e efeito pelas escolhas negativas e distorcidas que elegemos em nossas vidas.

Essas mesmas marcas estavam em nós a mostrar nosso passado, em decorrência da nossa dificuldade em viver e fixar os valores nobres da alma que o grupo elevado – Abel – nos influenciava, mas que nossos impulsos mais bárbaros – Caim – lhes matavam nas nascentes de nosso despertamento.

Essa gama de experiências exigiu muitas encarnações para se concretizar, sempre acompanhadas do planejamento e orientação dos nossos superiores e com o objetivo de estabelecer recursos de aperfeiçoamento nos campos da linguagem, da ciência, das artes, da comunicação e de todas as áreas que apagariam, com o tempo, os traços de primitivismo que nos ligavam. Nesta época, os grandes clãs ou famílias começavam a formar núcleos mais organizados, já em decorrência do despertar do potencial de inteligência desses grupos de exilados que iriam fundamentar essas bases para a vida humana da Terra.

Em todos esses setores, as conquistas tiveram um caráter ainda superficial e com expressões mais brutas, mas dali em diante estavam inauguradas na Terra as bases íntimas para o adiantamento cultural e científico, colocando o homem primitivo num patamar de movimentação superior.

O tempo passava célere sobre nossas experiências e o nosso compromisso com Aquele que era o Verbo do Princípio desse planeta em desenvolvimento, que se apresentava para nossos corações como desafio de resgate e aprimoramento.[4]

---

4 João 1:1-4: "No princípio era o Verbo, e o Verbo estava com Deus, e o Verbo era Deus. Ele estava no princípio com Deus. Todas as coisas foram feitas por ele, e sem ele nada do que foi feito se fez. Nele estava a vida, e a vida era a luz dos homens."

11.
O evento Noé e o dilúvio

"Pela fé Noé, divinamente avisado das coisas que ainda se não viam,
temeu, e, para salvação da sua família, preparou a arca [...]"
Hebreus, 11:7

Estávamos ainda no começo da formação das civilizações humanas mais rústicas, em franco regime de abertura da mente de nossos irmãos nativos pelos capelinos, implantado o sistema mental de configuração tripla: subconsciente, consciente e superconsciente, caracterizando a aquisição da memória do passado, a noção do presente e percepção do futuro. No fundo, era a estruturação da arca.

Decorrido o período de fixação dessa primeira fase, em que os interesses maiores estavam voltados para o aspecto exterior, tínhamos de principiar a formação e ampliação do patrimônio íntimo da inteligência, dos sentimentos nobres e das conquistas eternas. A evolução e o aperfeiçoamento da forma física continuariam em paralelo, ao longo do tempo.

Éramos o protótipo de criaturas mais desenvolvidas no campo mental e tínhamos o dever de proporcionar esse desenvolvimento aos nossos irmãos nativos, a fim de que eles caminhassem com os próprios pés, saindo da condição de crianças espirituais, e entrassem na juventude da evolução. Para isso, era necessário introduzir as sementes de maturidade interior. Uma vez que os valores dos capelinos estavam despertos, os da Terra também seriam chamados a entrar na fase da responsabilidade, dentro da lei de causa e efeito, pelas múltiplas encarnações.

Com isso estaríamos nos aproximando do término de nossos compromissos assumidos com Aquele que nos acolhera com amor e compaixão, abrindo as portas de retorno ao nosso lar distante.[1]

Provavelmente esta etapa era a mais difícil de cumprir, pois precisaríamos nos vincular a eles de forma mais efetiva.

Todos os deportados eram considerados criminosos, mas, afora os serpentinos – que eram piores –, nos enquadrávamos no que hoje se chama de "crimes de colarinho branco", realizados em todas as áreas de nossa atuação, devido à artimanha, corrupção e inteligência com que agíamos em Capela.

Dos grupos exilados de Capela, os que mais facilmente se aproximaram de nossos irmãos terrenos, por índole e comportamento, eram os serpentinos, que vinham de quedas maciças na violência e nos crimes. Eram os que se encontravam em débito maior com a própria consciência.

Esse processo de interação transformadora não ocorria só nas experiências judaicas, mas em todas as raças nativas nas quais atuamos para a formação de recursos. Também não nos fixamos em uma só raça, mesclando experiências nos diversos grupos existentes. Entretanto, neste relato estamos descrevendo as experiências de desenvolvimento dos Judeus por serem os espíritos mais necessitados de transformações em função do orgulho extremo que os caracterizava.

---

1 Segundo Emmanuel, no seu livro *A caminho da luz*, psicografado por Chico Xavier, capítulo 4, item Redenção, lemos: "Depois dessa edificação extraordinária, os grandes iniciados do Egito voltam ao plano espiritual, no curso incessante dos séculos. Com o seu regresso aos mundos ditosos da Capela, vão desaparecendo os conhecimentos sagrados dos templos tebanos, (...)". A civilização egípcia antiga desenvolveu-se no nordeste africano às margens do rio Nilo, entre 3.200 a 32 a.C., quando passa ao domínio romano. Podemos pensar no retorno dos capelinos ocorrendo mais para o fim deste período. (N.E.)

Com o fechamento de um ciclo e abertura de outro, os registros utilizados para descrever essa fase nova estão representados na simbologia de Noé com a construção de sua arca, o que significa, na verdade, todo um trabalho técnico dos construtores espirituais para a melhoria do corpo espiritual e, por consequência, alteração do corpo físico. O objetivo maior dessas mudanças era proporcionar ao espírito uma melhor utilização de seu potencial de inteligência.

Neste contexto, entra o relato representativo de que Deus, percebendo os resquícios muito fortes de animalidade humana, queria "destruir" tudo aquilo que criara para promover uma nova humanidade. Dava-se o fechamento de uma etapa para o surgimento de uma nova, onde a utilização do corpo físico seria modificada pelo aperfeiçoamento genético do corpo espiritual no plano etéreo, dilatando sua capacidade para novos investimentos do mundo íntimo, para o homem terreno.

Abro um parêntesis na narrativa para explicar que as melhorias genéticas são feitas até hoje, pois os corpos têm uma dinâmica de aperfeiçoamento natural ao longo do tempo. Estimulado pelo exercício da vida, no desenvolvimento dos valores, experiências e conquistas, elas vão se fixando na genética e são transmitidas por meio das gerações. Hoje as crianças nascem com uma grande gama de valores adquiridos ao longo dos tempos, que as do passado não possuíam. Potenciais de inteligência, tendências, aprimoramentos físicos e linguísticos, são alguns desses aspectos.

Nesse tempo, um grande número de espíritos, já modificados perispiritualmente, nasceu com a missão de consolidar essa nova fase no plano físico, como a realizar um dilúvio de retorno ao corpo físico e, como a reencarnação está ligada à água que constitui grande parte do corpo humano, repercutia como uma grande hecatombe ligada, simbolicamente, às chuvas, que indicavam uma limpeza de enormes proporções e a fixação de novos critérios de crescimento.

A descrição da construção da arca era, na realidade, a construção dos corpos que servem ao espírito, com a finalidade de lhes proporcionar melhor utilidade e desdobramento de sua capacidade interior. É assim que foi descrita uma nova aliança entre Deus, Noé[2] e sua descendência – os espíritos já aperfeiçoados – para encher a Terra. Assim, introduziu-se uma consciência que deveria compreender que o Universo era regido por uma Inteligência Superior, germinada nas nascentes da fé e fundida pela religiosidade que, até esse momento, era sustentada principalmente pelo medo do sofrimento eterno, um dos tipos de refreamento que se utiliza para lidar com a permitividade dos seres. Necessário mostrar a existência de um Ser que seria mais forte do que eles, amenizando desta forma as agressões e forças brutas tão sustentadas. Além do aspecto ligado a fé, eram necessários o desenvolvimento tecnológico básico e o progresso de outros fatores que marcariam as civilizações do futuro.

Assim eram impressas as mudanças essenciais na natureza rústica do planeta e da realidade biológica dos seres, melhorando e enriquecendo suas características.

---

2 Alguns historiados situam o Diluvio entre maio de 2348 a.C. a novembro de 2349 a.C. Podemos inferir que a introdução dessa nova consciência se deu próxima a esse período. (N.E.)

12.
Avanço espiritual pela fé

> "Pela fé habitou na terra da promessa [...]"
> Hebreus, 11:9

Depois desse patamar básico, vimos nossa influência se ampliar, principalmente por meio dos grupos de exilados que floresciam em todas as localidades do globo.

Diferentes raças e línguas surgiam criando uma diversidade de etnias e multiplicando o aprimoramento da inteligência e do aproveitamento do meio ambiente, ampliando os relacionamentos por meio de trocas nas origens do comércio.

Uma Torre de Babel surgiria nesse cenário, simbolizada pela diversidade de interesses, comunicação e caracteres raciais, formando grupos considerados na época como grandes famílias, junto aos seres primitivos. São os primeiros grupamentos, dispersos por toda parte e que, por necessidade de comida e recursos, encontravam-se e muitas vezes lutavam pelos melhores recursos, surgindo os primeiros conflitos armados e a miscigenação das raças.

Em consequência disso, chegava a necessidade de ampliar recursos e resguardar domínios materiais, o que gerava disputas, confrontos e guerras.

A necessidade de sobrevivência, a expansão da posse e a ganância pela supremacia eram os estímulos que regiam os agrupamentos, e aqueles que desenvolveram uma constituição física mais robusta e avantajada começavam a se sobrepor àqueles que não tinham essas características, forçando-os a superar esta desvantagem com o desenvolvimento da inteligência na criação técnica de armas e instrumentos capazes de se sobrepor à brutalidade dos mais fortes.

A escravidão e a miscigenação das raças ocorriam em função desses conflitos, onde os que eram escravizados eram submetidos aos valores dos dominadores de acordo com seus interesses, criando para esses o carma da futura escravidão, que a lei de causa e efeito traria, promovendo, assim, os princípios da justiça espiritual, tanto no âmbito pessoal como no coletivo.

A identificação com a vida na matéria e suas características fisiológicas impedia uma percepção de que todos éramos irmãos perante a paternidade divina, característica essa que ainda estava muito distante para alcançarmos, e compreender Deus nessas condições já que, muitas vezes, tínhamos como expressão da divindade os deuses representados pelos animais como o símbolo de nossas buscas e adorações.

As diferenças eram mais exaltadas do que os fatores de igualdade e proximidade humanas, e os interesses e a necessidade de sobrevivência faziam com que esses acontecimentos lamentáveis criassem mais dores futuras, já que a tendência bruta dos homens mais primitivos predominava em atitudes violentas e injustificáveis, e nós também ignorávamos a necessidade de aprimoramento.

As marcas das guerras seriam uma das características desse mundo em desenvolvimento, como monstro devorador de vidas e de conquistas, sustentado por tendências mais primitivas até que, por meio do despertar espiritual, deixasse de existir em decorrência das qualidades mais nobres do ser, principalmente as de sua espiritualidade.

Neste período, todo investimento era para atender os projetos de crescimento da fé no coração dos homens e, para que tivéssemos êxito, mergulhamos em todas as grandes civilizações da época, nas quais surgiram grandes iniciadores dessa programação, imprimindo novas diretrizes ao pensamento e ao sentimento humanos.

Nesse período, surge Abraão para representar não só um grupo a agir na construção da fé interior, mas também o imperativo do trabalho pessoal na construção das crenças libertadoras ao longo da evolução, despertando o germe espiritual do ser.

Encontraremos várias intervenções nesse campo simbolizadas por personagens bíblicos semelhantes a Abraão que, como sua família espiritual, seria a síntese de uma vasta gama de reencarnações naquele setor, para que o terreno bruto da fé caminhasse em direção ao amadurecimento futuro, que se daria milhares de anos depois, no advento da fé raciocinada. Aqui fazemos referência a todo o processo de evolução da fé, desde aquela baseada no medo, nos sacrifícios, nos subterfúgios, na fé exterior, até a fé raciocinada pelo Consolador prometido.

Naqueles tempos antigos[1], as oferendas e os sacrifícios chegavam ao ponto de entregar a vida das próprias pessoas como forma de apaziguar a ira dos deuses ou obter um benefício para as necessidades do povo, seja no plantio, nas pragas, nas dificuldades e lutas. Entre as vítimas dessa ignorância, preferencialmente, estavam as crianças e as jovens mulheres. Quando Abraão recebe de Deus o direito de não sacrificar o próprio filho, inicia-se o período de crescimento da fé sem a necessidade dos sacrifícios humanos.

---

1 Segundo alguns pesquisadores, os caldeus emigraram para o Sul da Mesopotâmia por volta do ano 1900 a.C. e Abraão viveu cerca de mil anos antes dessa época. (N.E.)

Assim, Ló[2], a cidade de Ur, as mulheres de Abraão, Isaque[3], Jacó e tantas outras personagens e lugares bíblicos são a representação desse processo de mudanças no qual, e aos poucos, os homens perdiam suas características mais primitivas das manifestações mais brandas da fé, para que pudéssemos caminhar nas trilhas da realidade espiritual do Deus único, bem como a introdução das descrições dos planos espirituais e das zonas de sofrimento, estimulando o anseio de encontrar com o Messias que viria para nos dar alento em nosso trabalho de libertação.

Nesse compasso fomos melhorando nossas disposições íntimas nos campos da fé religiosa, que foi uma abençoada orientadora para caminharmos ao encontro da nossa libertação espiritual, mas muitas lições nos aguardavam para dar cumprimento às propostas oferecidas por Aquele que nunca mais sairá de nossas mentes e vidas.

---

2 Ló é o ancestral dos moabitas e amonitas, povos vizinhos da antiga Israel. Ele morava, em Ur, junto com seu pai, Harã. Quando Abraão foi chamado pelo Deus hebreu para ir até Canaã (nome alternativo para Israel), Ló foi junto com ele. (N.E.)

3 Foi o único filho de Abraão com sua esposa Sara e foi o pai de Esaú e Jacó. (N.E.)

Samuel Gomes

13.
Evento José:
o encontro
de duas raças

> "Mas quero lembrar-vos, como a quem já uma vez
> soube isto, que, havendo o Senhor salvo um povo,
> tirando-o da terra do Egito [..]"
> Judas, 1:5

Sempre que olhávamos as estrelas, surgia um estado de nostalgia que nos atraía para os céus, como a dizer que não pertencíamos àquela terra. Sentimos ter perdido algo que nos faltava, mas não compreendíamos aquela saudade, que não tinha razão de ser.

O trabalho transcorria de acordo com o planejamento espiritual, mas por não ter uma visão ampla dos processos, acreditávamos que tudo estava emperrado e que os resultados não aconteceriam. Não tínhamos condições de compreender que, dentro de planejamentos dessa ordem de grandeza, o tempo é o grande professor e os resultados só apareceriam nas gerações de futuro distante.

Dentre as ocorrências significativas na história dos Judeus, das quais fizemos parte, destacamos o evento de José[1] – que representa o grupo de capelinos mais despertos e que reencarnou em massa no povo de Israel, que era o alvo maior do trabalho da espiritualidade por ser a nação responsável por restabelecer na Terra a crença no Deus único. Seus irmãos agiram para afastá-lo e destruí-lo, mas existem ocorrências que nos escapam ao controle e essa foi uma delas. A ação da <u>inteligência superior</u> interviu para dar um destino diferente

---

1 Filho preferido de Jacó por ser o primeiro filho de Raquel, a mulher que mais amava, mas não seu primogênito. O favoritismo, de que era alvo por parte do pai, valeu-lhe a malquerença dos onze irmãos, que o venderam, com apenas dezessete anos, por vinte moedas de prata, como escravo, a mercadores ismaelitas que o levaram ao Egito do período da XVII dinastia, aproximadamente, no ano de 1550 a.C. (N.E.)

aos fatos e iria favorecer experiências de trocas entre as duas nações – Israel e Egito[2].

Levado para o Egito como escravo, Deus o livrou de todas as dificuldades e lhe deu sabedoria perante o Faraó, rei do Egito, que o constituiu governador sobre o país e toda a sua casa. Assim que assumiu, José construiu grandes celeiros em todo Egito e passou a guardar parte da colheita.

Sobreveio então grande sofrimento a todo o Egito e Canaã, porque a terra já não produzia mais. Como o Egito havia feito reserva por sete anos, não sofreram com a fome, mas todos os judeus de Canaã ficaram sem alimentos, indo comprá-los no Egito. José reconhece seus irmãos, já patriarcas das doze tribos de Israel, mas não se revela. Na segunda vez, ele se apresenta a seus irmãos e toda a sua família tornou-se conhecida pelo Faraó.

Então, José mandou chamar a seu pai Jacó e a toda a sua parentela para morarem no Egito. E eles eram em número de setenta e cinco. Jacó desceu ao Egito, onde morreu. Enquanto isso, se aproximava o tempo da promessa – fechamento cíclico das conquistas feitas até ali – que Deus tinha feito a Abraão. O próximo faraó não tinha conhecido José, que já havia morrido, e usando de astúcia colocou a nossa raça como seus escravos. Isso se deu para que o grupo de exilados da raça judaica pudesse trabalhar o extremo orgulho que tinham, como necessidade básica de seu crescimento espiritual.

O poder estava sempre ligado a grandes civilizações, mas para mostrar a fragilidades de suas forças, a espiritualidade mostra o

2 Mais ou menos pelo ano 1700, Jacó (pai de José), e seus filhos, foram para o Egito, onde já estava José que tinha sido vendido pelos irmãos. No começo, enquanto José era Vice-Rei do Egito, os israelitas gozavam de liberdade. Mas, depois de 400 anos, o Povo de Deus estava submetido à dura escravidão na terra dos Faraós. (N.E.)

Samuel Gomes

quanto ele é mutável, já que o cetro passaria de mãos em mãos, de povos em povos, com as trocas de experiências inseridas nas reencarnações, onde o faraó de ontem renascia no seio do povo dominado e vice-versa, deixando evidente que enquanto não existir o sentimento de irmandade, essas mudanças serão necessárias e mostram a transitoriedade desses valores, permanecendo o que realmente deve ser retido: as experiências e os ensinamentos que elas proporcionam.

Os israelitas apresentavam a predominância do orgulho e de uma visão míope, se considerando eleitos e especiais perante a providência divina. Ao contrário do que acreditavam, esta mesma providência convidava todos a se amarem como uma única família, caracterizando Deus como o Pai de todos. Esse avanço foi bem trabalhado por Jesus quando esteve conosco para que, num futuro próximo que está por vir, vivamos plenamente na condição de espíritos que reconhecem Sua paternidade.

Cada nação tinha pontos frágeis a serem trabalhados e outros positivos a serem aproveitados em benefício coletivo e para a base de formação dos povos futuros, determinando o tipo de caminhada que traçariam para suas existências. O povo de Israel era orgulhoso – ponto negativo –, mas tinha a crença no Deus único – ponto positivo. Os egípcios tinham a ciência e a fé na espiritualidade – pontos positivos –, mas os grupos iniciáticos fomentaram a separação dos homens primitivos – ponto negativo. Para os que eram orgulhosos, abria-se o caminho da humildade, desenvolvida no sofrimento da escravidão; para os intelectuais e poderosos, o caminho do desprendimento pelas perdas e pela pobreza.

O encontro desses dois povos foi bem marcante, já que em nosso planeta de origem eles tinham suas rusgas e lutas sustentadas por ideias separatistas que determinaram, no estágio atual, os seus reencontros para diminuir as distâncias alimentadas pelo orgulho e pela arrogância.

Ambos tinham desenvolvido o amadurecimento da fé no campo da ciência espiritualista, essa área que seria a base futura da fé raciocinada, demarcando uma etapa de amadurecimento na forma de se relacionar com a Inteligência Superior da vida.

A abertura para o trato com a mediunidade, chamada de ações iniciáticas no Egito, e de profetismo no Judaísmo, precisava ser mesclada para que no amanhã a ciência espiritualista pudesse encontrar ressonância nas mentes humanas.

A expansão da mente, o aprimoramento do pensamento e o avanço da comunicação abriram portas para a aproximação de espíritos de todas as ordens, principalmente os espíritos capelinos que começavam a acordar do tamponamento e agir junto aos espíritos naturais da Terra para dominá-los. Esse despertamento proporcionou a construção das regiões espirituais rústicas, muito próximas dos aglomerados do plano físico e que refletiam as suas tendências íntimas. Todo o contato entre estas duas realidades, como uma iniciação ao processo mediúnico, era o chamado à responsabilidade do homem sobre os domínios de natureza espiritual, que naquela época era vista por alguns como magia ou feitiçaria.

Para os deportados, a mediunidade não era fato novo e sim fenômeno comum que ressurgia para lançar as balizas desse processo.

Quando o faraó aceitou a ação de José[3], um adivinho judeu, e

3 Gênesis 41:22-43 - "O Faraó precisava que interpretassem um sonho no qual

o promoveu a um cargo de confiança, estava estabelecendo a miscigenação daqueles dois povos que teriam suas lutas e dores no aprimoramento de seus corações.

Na escravização do orgulhoso povo judeu imposta pelos Egípcios, veremos o encontro da fé monoteísta com a ciência espiritualista como fundamentos evolutivos de cada grupo. Então, o homem primitivo sai das condições simples e básicas para começar a tomar contato com o intercâmbio espiritual que, no futuro da humanidade, será uma das inteligências e faculdades da sua realidade imortal que lhes permitirão se movimentar além da esfera da matéria bruta.

---

via subir do Nilo sete vacas gordas e em seguida outras sete vacas magras que devoravam as sete primeiras. Depois via que, de um mesmo pé, subiam sete espigas cheias e boas seguidas por sete espigas secas, miúdas e queimadas que devoravam as sete primeiras. José interpretou o sonho como sendo uma previsão de que viriam sobre o Egito sete anos de abundância, seguidos por mais sete de seca e fome. O Faraó, satisfeito com a interpretação dada ao seu sonho, dá a José um anel de seu dedo e o constitui regente sobre toda a terra do Egito. José tinha então a idade de trinta anos."

14.
Evento Moisés: a educação de um povo

Apesar do cumprimento dos deveres perante a própria consciência e da cooperação na evolução do planeta, persistia a necessidade de renovação interior, notadamente a extinção do orgulho de raça, decorrente do fato de nos grupos de exilados nos julgarmos melhores do que os outros.

Para impulsionar nossa mudança íntima, fomos confrontados pela escravidão e dependência do jugo egípcio, que representava a grande potência daquela época.

Nesse cenário ocorre a miscigenação, na qual uma grande massa de espíritos naturais da Terra aproveitava nossas experiências para aprender novos talentos, amadurecer e progredir. Assim, convivemos com expressiva quantidade de seres brutalizados, que não compreendiam nossos valores, a não ser quando estes se ligavam ao prazer e a satisfação de seus instintos e sentidos.

Para livrar a consciência humana dos impulsos de animalidade, proporcionar a libertação pelo trabalho e educar os mais inexperientes, surge a personalidade marcante de Moisés[1], que tinha o compromisso de libertar nosso povo da exploração egípcia. Moisés era um dos espíritos que cooperava com os exilados, mas que também tinha valores a serem trabalhados pela experiência de sua missão. Cada missionário tinha um tamanho evolutivo, e a proposta de Moisés estava ligada ao processo de despertar da Lei para introduzir a Justiça entre os homens.

---

1 Estima-se que Moises nasceu no ano de 1592 a.C. e morreu em 1472 a.C., aos 120 anos. (N.E.)

Quando nasceu, Moisés era uma criança forte e bonita, criado pela filha do Faraó como seu próprio filho. Assim, Moisés foi instruído em toda a sabedoria dos egípcios, tendo se iniciado na ciência daquele povo, tornando-se um homem com personalidade forte e grande magnetismo pessoal. Em pleno período da juventude, tomou conhecimento de que era fruto de um relacionamento de sua mãe com um judeu e passou a olhar aquele povo escravizado com outros olhos. Já mais adulto, passou a ter contato com seus irmãos, os filhos de Israel, cumprindo, desta forma, o compromisso espiritual de promover o crescimento daqueles espíritos que sofriam a exploração injusta da escravidão.

Nas obras que administrava, via seus irmãos brigarem entre si e, querendo levá-los à paz, pedia que se respeitassem mais. Eles, porém, o repeliram lembrando que Moisés, ao ver um egípcio castigar violentamente um pobre escravo hebreu, interviu em sua defesa, matando o feitor egípcio, desautorizando-o por ter cometido esse crime. Vendo a dureza dos seus irmãos de raça, e tendo se desentendido com o faraó, Moisés decidiu sair dali e se tornou peregrino na terra de Madiã, onde se casou e teve dois filhos.

Passados mais quarenta anos, a espiritualidade superior o convoca para o cumprimento de sua missão por meio da aparição de um espírito iluminado, no deserto do monte Sinai, que se manifestou com a aparência de uma chama de fogo – ação transformadora da consciência perante o novo ciclo de amadurecimento do ser, que passa a se responsabilizar pelas próprias escolhas – que queimava no meio de uma planta espinhosa, de nome sarça – que representa o padrão emocional do lado primitivo a ser trabalhado a partir de agora. Ao ver aquele fenômeno, Moisés se aproxima e ouve uma voz que lhe diz: "Eu represento o Deus de seus pais, Abraão, Isaque e Jacó" – aqui

Samuel Gomes

Moisés passa a ter contato com a perspectiva mediúnica, como também com a própria voz da consciência educadora. Trêmulo, Moisés não ousava olhar.

Disse-lhe então aquele ser, que personificava Deus: "Tire as sandálias dos seus pés – significando simbolicamente que a consciência do homem primitivo da Terra, a partir daquele momento, passaria a sofrer o efeito de suas escolhas e atitudes dentro da lei a ser revelada por Moisés – porque o lugar em que você está é terra santa – superconsciente, onde ficam guardadas as verdades de Deus, que a partir daquele momento passava a ser representada pelos dez mandamentos e apresentava um grau de consciência operante diante dos próprios erros, até então regidos pelos impulsos automáticos do subconsciente dos aborígenes –, pois dentro de vocês existe o potencial de inteligência imortal para poder executar os planos do mundo maior. Vi a necessidade de crescimento evolutivo por meio da aflição do meu povo no Egito, ouvi os seus gemidos e desci para libertá-lo. Agora, pois, o enviarei ao Egito[2]". Foi depois desses acontecimentos que Moisés os conduziu para fora da escravidão – social e espiritual – fazendo vários prodígios e sinais na terra do Egito, no Mar Vermelho e no deserto, onde ficaram por quarenta anos se preparando para novas etapas de crescimento espiritual.

No início desta jornada, Moisés recorreu várias vezes ao intercâmbio com os amigos espirituais, retirando-se com frequência para o Monte Sinai. Mas, parte do povo judeu que o seguia – composto pelos capelinos e aborígenes – acostumado ao imediatismo do padrão sensorial de percepção da vida, tinha dificuldade em se adaptar aos novos desafios religiosos que Moisés apresentava. Rejeitaram em seus co-

2 Atos, 7:33-34.

rações as novas propostas de adoração a Deus, e voltaram ao Egito, dizendo a Arão[3]: "Faze-nos estátuas de deuses que possam estar adiante de nós porque Moisés, que nos tirou da terra do Egito, não fica entre nós e nem nos apresentou a imagem do Deus que nos orienta a adorar[4]". Fizeram, pois, naqueles dias o bezerro de ouro, e ofereceram sacrifício e se alegravam nas obras das suas mãos, pois se encontravam ainda presos à adoração de ídolos.

Depois da partida do Egito e ao longo dos primeiros tempos, o povo se afastou da adoração a Deus proposta por Moisés e voltou aos cultos com vítimas e sacrifícios, oferecidos a Moloque e ao deus Renfã, fazendo figuras para os adorarem. Em contrapartida, muitos judeus adoravam a Deus como ordenara Moisés, realizando o amadurecimento de suas almas e desenvolvendo uma adoração mais profunda, fora dos parâmetros superficiais, que o tempo iria lhes facultar.

Sua história, carregada de mistérios e segredos, é a expressão da constante ação providencial dos planos elevados da vida, que supriam de estímulos novos nossa empreitada reeducadora, dando também alguma orientação àquelas almas terrenas em processo de desenvolvimento natural.

Nessas experiências e lutas surgem as primeiras regras de comportamento para introduzir as leis que seriam forjadas no fogo transformador das reencarnações, contendo os princípios norteadores que promoveriam o despertamento da justiça excelsa dessas leis adormecidas na consciência.

Os Dez Mandamentos eram o reflexo das responsabilidades para aqueles seres e um alerta vivo para nós, que já tínhamos

---

3 Irmão de Moisés que, após a travessia do mar, ainda voltou ao Egito intermediando algumas necessidades do povo judeu. (N.E.)

consciência dessas leis que burlamos em nossas múltiplas vidas no orbe antigo. Aqueles momentos serviriam de direção para que não repetíssemos os mesmos erros.

As experiências e lutas travadas por Moisés com os egípcios para conseguir nossa libertação seriam lições permanentes sobre o respeito entre os homens e o preço da liberdade que, sem o sentimento de responsabilidade e maturidade dos que a conquistaram, poderia se transformar em quedas e sofrimento. Era imperioso aprender a conservar com sabedoria as conquistas, para empregá-las em favor do nosso crescimento.

Moisés compreendeu que os espíritos naturais da terra traziam tendências negativas e instintivas que necessitavam de uma gama enorme de experiências e lutas para fixarem vivamente aquelas orientações e criar possibilidades de mudanças efetivas em seus espíritos.

A trajetória libertadora daquele povo rústico levaria muitas vidas para se dar e foi assim que ele programou um código completo de leis humanas[4] que, somadas às divinas orientações de espíritos maiores sob a influência direta do Cristo, implantariam um futuro melhor para todos.

As manifestações espirituais e o domínio de certas leis que regem a matéria sob a ação do magnetismo e de outras forças da natureza eram a demonstração do avanço que muitos de nós realizamos naqueles tempos, nos quais a maioria não tinha nem capacidade de entendimento e muito menos a responsabilidade de lidar com elas com benefício real. Moisés usou o conhecimento destas leis que regem a natureza de todas as coisas e o

4 A Lei mosaica é composta por um código de leis formado por ordens e proibições, Existem as Leis Morais, as Civis e as Religiosas. Todas elas estão contidas nos cinco primeiros livros da Bíblia: Gênesis, Êxodo, Levítico, Números e Deuteronômio.

empregou para criar fatos e circunstâncias extraordinários[5] que tinham por objetivo intimidar os egípcios e ao mesmo tempo impressionar os israelitas duvidosos a aceitarem a necessidade de saírem do Egito.

A Páscoa celebrou o início da libertação deste povo que precisava, antes de tudo, se aprimorar internamente para conquistar a verdadeira liberdade, que só o tempo e as experiências provacionais e expiatórias conseguiriam promover.

Nesta época, os espíritos que já detinham as responsabilidades da vida, abraçando com maior ímpeto os compromissos com o Cristo, começavam a retornar ao planeta de origem, após muito heroísmo e dedicação em prol da qualidade de vida do planeta, deixando uma ampla base para que aqueles irmãos pudessem caminhar pelas próprias pernas.

Assim, como acontecia com outros povos do planeta, os exilados que permaneciam como descendentes do povo judeu receberiam a Lei de Talião[6] como rigoroso processo educador, recolhendo a mesma violência que utilizavam para coibir o violento, criando uma metodologia de ação nas diversas áreas, desde a religiosa até a de lidar com as propriedades, os relacionamentos, e assim por diante. Muitos companheiros precisavam de uma disciplina mais firme para se educar, assim introduziram aspectos mais coercitivos em suas leis. Os espíritos capelinos necessitados desse aprendizado nasciam

---

5 As dez pragas do Egito foram dez calamidades que O Deus de Israel infligiu ao Egito através da atuação de Moisés, para convencer o Faraó a libertar os hebreus, maltratados pela escravidão. O Faraó só aceitou as condições de libertação de Deus após a décima praga, provocando o êxodo do povo hebreu, que seguiram pelo deserto a caminho da terra de Canaã.

6 Pena antiga pela qual se vingava a injúria ou delito fazendo sofrer ao criminoso o mesmo dano ou mal que ele praticara.

Samuel Gomes

ali para uma educação mais rígida.

O tempo ia imprimindo as transformações e educando os espíritos endurecidos por meio das ações que se perpetuavam além do mundo físico, no plano espiritual, para dinamizar nossa transformação libertadora e ao mesmo tempo preparar o homem terreno para atuar no crescimento do planeta como integrante consciente de que deve responder perante as humanidades existentes no Universo.

15.
Nas proximidades da vinda do Messias

"A mulher disse-lhe: 'Eu sei que o Messias
(que se chama o Cristo) vem;
quando ele vier nos anunciará tudo."
João, 4:25

No ambiente das lutas aprendemos a valorizar o tempo, as oportunidades da vida, a responsabilidade de ter o poder, a utilidade real das coisas, a convivência junto ao outro, o sofrimento retificador, a solidão, o autoencontro, a saudade e o amor. Todas essas experiências estabeleceram um nível de compromisso que até então não tínhamos. Foi preciso perder para ganhar, deixar para trás para conquistar mais à frente. A sensibilização chegava pelo trabalho duro, pela dedicação e pelo sacrifício.

Com os espíritos mais leves e com maior aproveitamento das oportunidades, criamos uma pré-disposição muito grande para contribuir com o crescimento dos nativos, bem como para consolidar o nosso.

Precisamos perder nosso primeiro planeta-escola para valorizarmos, em outro educandário, a importância de viver conforme os padrões elevados da vida.

Logo após a morte de Moisés, ajustamos o campo mental para novas empreitadas de crescimento íntimo. Exilados e nativos começavam a perceber o que é certo ou errado, tanto perante a consciência quanto perante Deus. Era a razão coroando nossas mentes. Poderemos, então, encontrar nos livros do Antigo Testamento a descrição, no tempo, do desenvolvimento da razão nos homens primitivos com a participação dos espíritos orientadores que lhes influenciariam a caminhada.

Estava traçado um roteiro de evolução mental para a conquista do discernimento correto que qualificaria os valores íntimos para capacitar o domínio sobre as coisas e superação das dificuldades da existência, caminhando com uma visão mais correta das leis divinas, analisadas com raciocínio e lógica.

Este melhor entendimento faria com que inúmeras possibilidades se abrissem para grupos específicos, com atribuições em áreas como a da linguagem, da escrita, do comércio, da matemática, das ciências, da arte, da religião e outras tantas, fundamentando a cultura do progresso.

Cidades surgiam e desapareciam como o toque do tempo, mostrando a superficialidade da supremacia da força e dos valores humanos, que sucumbiam diante do aprendizado espiritual alicerçado no espírito imortal.

As personagens mudam as indumentárias físicas e os campos de experiências, crescendo e tomando posse dos valores eternos vinculados à espiritualidade, adormecidos como pedras preciosas em meio ao cascalho criado por nós mesmos e que nos impediam despertar e ressurgir.

Ao longo desta caminhada evolutiva, tivemos a oportunidade de reencontrar, por diversas vezes, personalidades fortes e influenciadoras como a de Samuel, Jó, Salomão, Davi e outros espíritos que acompanharam de perto o crescimento dos nativos e principalmente o nosso redirecionamento mental para cumprir o resgate que necessitávamos.

Amadurecidos, começamos a projetar um futuro mais promissor, permeado pelos aspectos positivos da renovação, entrando num compasso profético, que anunciava a proximidade da vinda do Messias para consolidar nossa libertação.

A vinda do Cristo seria o marco final do retorno para o orbe distante do grupo que já tinha méritos espirituais para partir, bem como a vinda de vários outros emissários celestes – os grandes mestres de todos os tempos, como Sócrates, Platão, Pitágoras, Confúcio, Buda, Krishina, Zoroastro e tantos outros – que desceram junto a outros povos para nos amparar no retorno à casa distante. Viriam em todas as fases da Terra, não só de Capela, mas de várias localidades siderais para trabalhar conforme as necessidades e características culturais, como mestres e professores. São espíritos superiores que não estão presos a nenhum planeta.

Além de arrebanhar os espíritos despertos e amadurecidos, eles deixariam um roteiro de vida para os capelinos que ficavam em decorrência da manutenção do seu estado de revolta, bem como para os naturais do orbe que não tinham condições próprias para dar o salto evolutivo, que só o tempo e as lutas proporcionariam.

Aproximava-se o momento esperado por milhões de anos. Poderíamos ouvir novamente aquela entidade divina que nos marcara profundamente o ser.

O homem da Terra chegava à fixação de valores profundos como o direito e a família, bases que consolidariam a maioridade coletiva do planeta. Esse trabalho exigiria a repetição das lutas de âmbito social em decorrência das necessidades de aprimoramento, obedecendo as imposições da lei de causa e efeito, renascendo para expiar e liquidar, desenvolver e despertar.

Após longa e penosa caminhada chegávamos aos dias nos quais A Estrela Divina desceria nos céus da Judeia, momento em que astrólogos e estudiosos das ciências celestes, já fecundados pela promessa da Sua vinda, vasculhavam as datas e os horários de

Seu nascimento para consolidarem e comprovarem a vinda do Esperado. Ansiavam por Lhe dar as boas-vindas, pois a Boa Nova de todos os tempos marcava de vez a existência de todos nós, espíritos em expiação, e promovia para os naturais da Terra a oportunidade de poder, um dia, se aproximar do exemplo vivo de um Espírito puro.

"Glória a Deus nas alturas, Paz na terra aos homens de boa vontade!".

Segunda parte

1.
A escrita
do Evangelho

Reencarnei em país da Síria[1], cidade do oriente que tinha contato com a região da Judeia, cenário que marcou muito minhas personalidades no mundo, dentre tantas outras existências que vivi, pois tinha compromissos mais diretos com aquele grupo de espíritos exilados que, por sintonia natural, se reencontraram. Aquelas terras, suas lutas e transformações, deixaram um registro forte de experiências em minha vida espiritual. Mais uma vez me encontraria em ligação com as tradições oriundas da Judeia naqueles dias conturbados, onde disputas de poder e a constante insatisfação do povo eram sua marca contínua. Diante da escravidão aos interesses romanos, os judeus faziam planos de libertação, a se concretizar com a vinda de um Ser poderoso que dobraria as forças daquela águia dominadora[2] que trazia intenso sofrimento para eles.

Desde criança eu gostava de pesquisar a história, as tradições religiosas e as filosóficas em geral. Entre esses estudos lia sobre o povo Judeu, que foi educado na esperança de que, a qualquer momento, um ser enviado por Deus viria libertá-los do jugo político e econômico em que sempre estiveram envolvidos. Todos os de sua raça queriam acreditar nessa possibilidade, já que comentavam sobre a vinda do Messias, que havia nascido em Nazaré e realizava grandes milagres, principalmente, na área da saúde. Sendo um espírito puro não precisava de auxílio nessa ação, pois, como médium de Deus e pelo poder de sua mente e vontade, fundamentado, principalmente, pela sua capacidade de autocura, conseguia manipular os fluidos de maneira natural

1 Os historiadores afirmam que Lucas, médico grego, teria nascido ou vivido, em Antioquia da Síria. Biblicamente, existiam duas as Antioquias: a da Síria e a da Pisídia. Há um destaque histórico maior para a primeira, situada próxima à costa do Mediterrâneo, no que é hoje o sudeste da Turquia, por ser ali que se concentraram os trabalhos de divulgação do Evangelho de Jesus pelos apóstolos. (N.E.)
2 A águia romana (em latim: *aquila*) era um símbolo da Roma Antiga, sendo usada pelo exército romano como insígnia das suas legiões. (N.E.)

e absoluta, sabendo lidar com qualquer distúrbio ou perturbação. Mas, para mostrar que em toda tarefa deve-se levar em consideração a cooperação, algumas vezes utilizou do apoio, da boa vontade e da disposição para auxiliar quem nascia de outros espíritos.

Como sempre me interessei pelas ciências das curas, engajado desde minha juventude na pesquisa e estudos nesse setor, ao ouvir as notícias sobre esse Salvador, quis conhecer de perto a vida Daquela figura tão destacada pelos seus conterrâneos.

Foi com esse anseio que tive a oportunidade de ouvir as palavras de um judeu de expressões fortes, falando de Jesus com tanta segurança que lhe perguntei se podíamos conversar mais sobre Aquele ser. Assim, pude inteirar-me da vida Dele completando as informações que já haviam sido registradas. Fiquei algum tempo com ele, que se chamava Paulo, e com seu companheiro de trabalhos, Barnabé. Tocado pela mensagem recebida, busquei também a possibilidade de ser um de Seus seguidores.

Saber de sua dolorosa crucificação deixou-me entristecido e desapontado, pesar aumentado pelo fato de não O ter conhecido pessoalmente, nem ouvir-Lhe os ensinos diretamente de sua boca e também por não ter testemunhado Suas curas.

Estava sempre em contato com aquelas personalidades, e pude conhecer a casa pobre e simples, chamada Casa do Caminho,[3] que se transformara em verdadeiro hospital de abandonados e sofredores.

Afeiçoei-me de imediato com as ações caridosas e bondosas que realizavam ali, me colocando à disposição para auxiliar

3 A Casa do Caminho era um velho casarão reformado na periferia de Jerusalém, onde Simão Pedro e companheiros desenvolviam toda a atividade em prol da causa de Jesus. (N.E.)

também na minha função de médico, colaborando com o que podia para amenizar as dores e doenças que se apresentavam.

Aos poucos, fui conhecendo as personalidades dos que viveram ao lado do Messias que, por sua vez, me narravam com carinho e amor as aventuras que tiveram ao Seu lado, me apresentando os ensinamentos superiores exemplificados por Seu comportamento santo e que são verdadeiras pérolas de encantamento com vida e louvor ao Criador.

Por sugestão dos amigos, principalmente de Paulo, interessei--me em escrever esses fatos, completando os que já existiam, para que outras pessoas pudessem também conhecer os feitos daquele Ser especial. Eu o faria a partir do relato dos que conviveram com Ele e abraçaram Sua causa.

Assim começava minha peregrinação, junto de alguns dos apóstolos e discípulos que trabalhavam na divulgação da Boa Nova, que encontrava resistência, principalmente dos nossos Príncipes dos Sacerdotes[4] e representantes religiosos, além dos escribas e fariseus[5], que não aceitavam aqueles princípios simples de igualdade e de humildade, de desprendimento e liberdade, contrários ao orgulho da raça, dos seus interesses e lucros.

As atitudes e palavras de Pedro, a amorosidade de João, a ex-

4 Existiam vários grupos religiosos no povo de Israel, os fariseus, os saduceus e outros, que combatiam Jesus. Entre eles, havia o dos principais dos sacerdotes, que foi o grupo que mais se mostrou contrário ao Cristo. (N.E.)

5 Os Escribas eram os secretários dos reis de Judá e de certos intendentes dos exércitos judeus. Mais tarde, esse nome foi aplicado aos doutores que ensinavam a lei de Moisés e a interpretavam para o povo. Os Fariseus compilavam as interpretações dadas às Escrituras e tornadas artigos de dogma da teologia dos judeus. Estas duas classes se apresentavam com as falsas aparências de uma fé que não carregavam no íntimo. Combatiam Jesus porque pregava a simplicidade e as qualidades da alma que desmascaravam a hipocrisia deles, criando terríveis inimigos. Essa a razão por que se ligaram aos príncipes dos sacerdotes, para jogá-Lo contra o povo e eliminá-Lo.

pressão suave de Maria de Nazaré, a determinação de Filipe, a diplomacia de Tiago, o entusiasmo de Marcos, sobrinho de Barnabé, e tantos outros, tocavam-me profundamente a alma com expressões de carinho e acolhimento. Mas, a figura que mais me chamava a atenção era sempre a de Paulo de Tarso, do qual fiquei amigo, dono de fina inteligência e características fortes de temperamento e entusiasmo por trabalhar em nome Daquele que ele mesmo perseguiu na pessoa de seus seguidores.

Gostaria de trazer algumas informações que considero importantes para que possam melhor avaliar a ordem de grandeza dos trabalhos em torno do exílio. Uma parte dos apóstolos era também capelina, mas provavelmente não eram originários só de lá, podendo ser, parte do grupo de espíritos que foram exilados para Capela de outro orbe. Paulo era um espírito que tinha compromissos com os capelinos, mas não era de Capela. Atuou em várias áreas em suas reencarnações anteriores por se tratar de um espírito velho. Fazia parte dos espíritos que iriam auxiliar Jesus na implantação de suas verdades para o mundo todo. Maria é um espírito muito antigo, que vem acompanhando Jesus em diversos mundos. Provavelmente também auxiliou os exilados que estavam em Capela e faz parte da equipe de espíritos que auxiliam Jesus em seus trabalhos de orientação planetária.

O compromisso maior desse grupo era trabalhar pela evolução dos seres. Estão mais ligados ao espírito de Jesus ao longo de muitas vidas além da Terra e de Capela. A maioria deles veio em missão.

Li as anotações de Mateus com mais carinho, alimentando minha alma com novos estímulos e conhecimentos sobre as bases do Reino dos Céus e para servir de espelho para a escrita que estava planejando desenvolver.

Numa tarde, quando estava tratando das feridas de um doente, limpando-as e fazendo os curativos necessários, Pedro, que era o mais experiente e assumira a posição de mentor e coordenador daquela organização simples e pobre, aproximou-se de mim.

– Como está, meu irmão Lucas? Vejo sua dedicação incansável para recuperar a saúde dos doentes e a sua entrega íntima para amenizar seus sofrimentos. Jesus ficaria muito feliz em ver seu trabalho de amor.

– Sinto grande pesar por não ter tido a oportunidade de conhecê-Lo pessoalmente. Pelos escritos e relatos, percebo a nobreza de Seu ser nas pequenas ações e gestos, e pelos Seus ensinamentos sinto a beleza de princípios que realmente só podem vir de uma mente extremamente superior.

Pedro parecia localizar seus pensamentos em cenas distantes, deixando rolar duas lágrimas pelo rosto, como se visualizasse cenas que eu não podia perceber. Logo após falou com carinho e emoção.

– Se você O tivesse conhecido, veria que nossos relatos e informações não chegam nem perto de Sua real expressão, sabedoria e amor. A personalidade do Mestre é realmente de outros mundos. Seus olhos, quando pousavam sobre os nossos, mostravam a paciência e a compaixão com nossas limitações, pois não alcançávamos Sua sabedoria, mas Ele compreendia a necessidade de lançar as sementes dessa verdade nova, que no futuro seria muito bem compreendida por todos nós.

Fiquei sabendo que Paulo o indicou para escrever sobre a vida Dele, de organizar toda Sua peregrinação, tentando descrevê-

-las com os maiores detalhes possíveis, para que seus registros se somem a outros e se transformem, um dia, numa descrição mais ampla de Sua existência.

- Apesar de não ser um escriba, gostaria de ter a facilidade de escrever para registar Seus passos e assim beneficiar outras pessoas com os conteúdos que tenho encontrado junto de seus corações.

- Fico satisfeito com essa proposta e quanto mais deixarmos vivas as impressões do amado Mestre, maior será a visão que o homem do amanhã terá Dele.

- Como gostaria de fazer esse trabalho, porém, todos nós, e agora você também, nos encontramos atarefados. Não temos tempo para quase nada e enfrentamos cada vez mais a intolerância por parte do Sinédrio[6], dos sacerdotes de nosso povo e dos homens do poder, tentando acabar com nosso trabalho e dedicação ao amoroso Mestre.

Se fosse possível, deixaria por algum tempo as atividades da Casa do Caminho para acompanhar Maria, Sua mãe e João, que sempre está com ela. Assim poderia registar Sua história e toda a informação que pudesse colher de cada um de vocês que viveram todas as ocorrências de Sua breve passagem, que é grandiosa expressão de valor e vida para nossos corações.

- Falarei com Maria e João para que você possa iniciar essa tarefa, que já tem feito junto a Paulo, mantendo a pregação da verdade de Sua vida.

---

6 O Sinédrio é o nome dado à associação de 20 ou 23 juízes que a lei judaica ordena existir em cada cidade. Era uma assembleia de juízes judeus que constituía a corte e legislativo supremos da antiga Israel. Assembleia judia de anciãos da classe dominante aos quais eram atribuídas diversas funções políticas, religiosas, legislativas, jurisdicionais e educacionais.

Samuel Gomes

Algum tempo depois, iniciei minha função de escritor tentando deixar as narrativas bem dentro da realidade, para benéfico dos que um dia acessassem aquelas informações. Esta atividade proporcionava profundo bem-estar em minha vida ao comentar a bravura e ações Daquele que era a luz para nosso íntimo que, até ali, vivera sem claridade e esperanças verdadeiras.

2.
Maria tece o Evangelho

A atmosfera do ambiente era agradável, como se fora tecida por mãos delicadas, tal a suavidade que inebriava os corações presentes às narrativas.

Paulo de Tarso tinha uma preocupação com os registros sobre a vida de Jesus. Parecia que ele antevia a tendência humana de introduzir modificações na mensagem dos Evangelhos, efetivadas pelas igrejas cristãs nascentes que sofriam a pressão das autoridades religiosas e políticas e, por isso, tentar mudar os registros e adaptá-los aos interesses de grupos e pessoas.

Foi dessa forma que o apóstolo da gentilidade nos sugeriu que a escrita retratasse fatos os mais reais possíveis, para que no futuro ficasse mais difícil a intervenção de outros interesses que distorcessem a verdade.

Mais tarde, as suas cartas representariam um apoio junto das comunidades nascentes, reforçando a fidelidade aos ensinos do Cristo, mas Paulo sabia que o poder e interesses humanos eram forças com tendências inferiores que interfeririam na mensagem nobre e lúcida que surgia para contrariar seus interesses e domínios.

Foi inspirado por essas lembranças que estive na singela moradia de João e Maria, na cidade de Éfeso, lugar tranquilo, mas com um grande campo de atividades de amparo e orientação. A casa foi transformada em um lar para os necessitados de toda ordem e também funcionava como uma das Igrejas cristãs, onde havia a pregação, transformando-se em um núcleo de trabalhos espirituais que auxiliava aquela comunidade.

Por serem mais amorosos, o apóstolo e a mãe de Jesus eram espíritos que não possuíam um compromisso mais direto com as lutas como os outros tinham, não precisando passar por determinadas lutas mais fortes e pesadas.

Eu ficaria o tempo que fosse necessário para escrever a visão de Maria sobre o nascimento e os acontecimentos da vida de nosso Mestre amorável.

Ali, pude auxiliar os trabalhos daquele núcleo de amor e, dentro de um tempo relativamente pequeno e depois que as atividades cotidianas terminavam, eu tomava nota das informações daqueles dois corações, que iam sedimentando em minha alma os nobres exemplos de auxílio e carinho com todos os que ali procuravam diminuir seus sofrimentos.

Numa tarde, pude escutar as palavras de Maria, que todos passamos a venerar como mãe do coração. A bondade irradiante refletia-se de todo o seu ser, do olhar aos gestos, das palavras e do carinho com que alimentava nossas almas, de tal forma que sentíamos como se não precisássemos de mais nada.

Começava, para mim, a narrativa de um poema épico e sublime, que ligou a Divindade ao mundo dos homens.

— Meu querido Paulo, que as bênçãos de Jesus caiam sobre seu esforço com o objetivo de que cheguem também, um dia, a todos os corações que queiram conhecer as lições sublimes da vida de meu amado Filho.

Seu nascimento foi cercado de forças e atividades que os olhos sensíveis enxergavam como intervenção de Deus junto a nós.

O primeiro fato que podemos abordar dessas intervenções está relacionado ao nascimento do filho de minha prima Isabel[1] e seu esposo Zacarias, pois ela era estéril e estava em idade avançada[2] quando tiveram um filho em condições

1 Lucas, 1:36.
2 Existem algumas referências de que Isabel tinha cerca de 60 anos quando descobriu que estava grávida. (N.E.)

muito especiais. Foi um fato singular já que, naquela altura de suas vidas, não acreditavam que ainda teriam filhos. Eles faziam parte do grupo de capelinos que abraçaram de imediato a proposta de redenção espiritual feita pelo Cristo, na chegada do exílio.

Zacarias possuía uma mediunidade mais limitada, característica da época, e não tinha uma percepção tão clara como se vê na atualidade. Ele organizava e dirigia os trabalhos sacerdotais da comunidade a que pertenciam, celebrando os rituais sagrados. Em plena execução de suas obrigações, lhe apareceu um ser, em forma de luz, informando-o que sua mulher lhe daria um filho com compromissos espirituais muito sérios e viria para endireitar e auxiliar o povo hebreu que vivia desorientado pelos pecados e ilusões, sustentado pelo orgulho de raça e endurecimento da fé, e conduzi-lo nas linhas da justiça como manifestação da vontade de Deus em favor da sua evolução.

Ele teria uma personalidade incorruptível e firme, mantendo uma postura lúcida e não seria seduzido pelas artimanhas e poderes humanos. Estaria envolvido pelo Espírito Santo[3] desde sua formação no ventre da mãe, sendo amparado por grupos espirituais que orientavam o desenvolvimento daquele povo, demonstrando ter, desde pequeno, uma capacidade mediúnica em processo de desenvolvimento, porém, apurada para a época.

Zacarias, não acreditou na revelação e, sentindo sua incredulidade, o ser de luz pediu que ele não deixasse que suas crenças imediatistas criassem dúvidas sobre os poderes de natureza divina que se manifestam por meio da ação dos

3 O Espírito Santo se refere a um grupo de espíritos que trabalham com Jesus para promover a evolução da Terra. (Nota do médium)

seres que vivem além da vida.

Como será um menino, pedimos que lhe dê o nome de João Batista. No exato momento em que você precisar cumprir este pedido é que voltará a se comunicar, para que todos que acompanharem esses acontecimentos saibam que é da parte de Deus que tudo ocorre. Seu filho se tornará um intermediário da vida superior junto de seus irmãos, principalmente arando o terreno duro de seus corações para poderem receber, do grande Jardineiro celeste, as sementes da vida eterna que germinará em suas almas. Porém, os seus contemporâneos não o compreenderão, mas tremerão sob suas palavras fortes e firmes que indicarão o caminho da correção e da justiça.

Ao fazer o pedido por um nome específico o ser queria que ele compreendesse que o nascimento da criança estava ligado a um fenômeno importante, mas que, apesar de ser um espírito superior, João Batista não era o Messias esperado. Vinha para definir junto aos homens do futuro a fase de evolução mais rígida perante a Justiça, personificada para a humanidade na pessoa de João Batista. Era um espírito evoluído que também atuou em Capela, e vinha em missão.

Como Zacarias ficou dentro do templo por mais tempo do que o costumeiro, aqueles que permaneciam do lado de fora começaram a se perguntar o que estaria acontecendo lá dentro, pois, em função dos barulhos e conversas, percebiam que algum fato estranho e misterioso estava ocorrendo. Quando Zacarias apareceu na porta e tentou lhes falar não conseguiu, indicando estar mudo. Por meio de gestos e acenos, tentou explicar o fenômeno que ocorreu no templo, mas não pôde transmitir com clareza tudo o que tinha visto e ouvido, nem a grandeza dos fenômenos espirituais que vivera.

Muitos não entenderam, alguns acreditavam que ele estava enlouquecendo e outros percebiam que algo extraordinário tinha acontecido, mas que não era para ele revelar nada, já que ficara mudo.

O tempo corria e Izabel se apresentou grávida, deixando Zacarias impressionado por tudo estar acontecendo conforme relatado por aquele ser iluminado. Tentava mostrar aos companheiros que os fatos ocorridos no templo estavam relacionados com a gestação do seu filho, e assim muitos compreenderam que era um fato importante ligado a algo que iria acontecer.

Sob forte emoção causada por aquelas revelações, encerramos a reunião da noite.

3.
A visão extraordinária e o nascimento de João Batista

João e Maria eram o exemplo vivo de cristandade com bondade e amor. Eles ampliavam as condições da família universal através de vínculos afetivos e de carinhos, e todos que chegavam naquela igreja singela eram convidados a ingressar ao grupo pelos vínculos do coração.

Em minhas existências, não vivi momentos tão expressivos como aqueles, nem mesmo quando acompanhava Paulo nos trabalhos de divulgação da mensagem de Jesus, o exemplo maior a ser seguido.

Em certas ocasiões, eu me ausentava na necessidade de acompanhar João e Maria em algumas viagens, ou de fazê-las sozinho, para Jerusalém ou alguma outra cidade, para a divulgação doutrinária com Paulo ou outro companheiro de trabalhos edificantes.

Em noite oportuna, as informações de Maria seguiam naturalmente:

— Quando se deu o nascimento do filho de Isabel e Zacarias, ela quis escolher um nome para ele, mas Zacarias recobra a fala neste instante e esclarece os fatos ocorridos no templo, lembrando que foi pedido, pelo enviado dos céus, que seu filho se chamasse João Batista. Contou que no momento do diálogo se sentiu influenciado pelas forças do alto e foi informado que o espírito de Elias[1] é que estaria mergulhando na personalidade de seu filho e que eles precisavam educá-lo com esmero e dedicação, pois em sua missão estariam responsabilidades elevadíssimas na formação dos valores espirituais para os

1 Elias era um dos grandes profetas do povo hebreu, um espírito em missão, que viria antes do Messias para mostrar que ele estava entre os homens, e ao mesmo tempo dar testemunho da realidade da reencarnação e o processo cármico. Quando veio como Elias, dentro da aplicação da Justiça, cortou a cabeça dos adoradores de Baal e perdeu a sua própria na pessoa de João Batista, cumprindo a lei de causa e efeito.

homens, dando o cumprimento às profecias[2] do passado que estavam relacionadas diretamente com a presença do Messias tão esperado por todos os irmãos de nosso povo.

Sua missão estaria mais ligada à redenção espiritual dos irmãos capelinos mergulhados na Terra, já que muitos ainda persistiam nos mesmos erros de outrora, atendendo às buscas ilusórias e se esquecendo dos compromissos assumidos com o Senhor na retificação de suas condutas. Sua voz seria um alerta para que cumprissem seus deveres de acordo com a vontade de Deus, abraçando as lutas e assumindo a posição de filhos de Israel. Com o desenvolvimento da fé deixariam exemplos de dedicação aos trabalhos de ordem espiritual, mudando as tendências à rebeldia para a prudência, caminhando pelas vias da justiça que lhes proporcionariam um estado de paz consciencial.

Após ligeira pausa, na qual parecia consultar as lembranças daqueles tempos, Maria continuou:

— Por ocasião do sexto mês de gravidez de Isabel, acontecimentos parecidos com os que ocorreram a Zacarias se apresentaram para mim e depois para José que, em um primeiro momento, cheio de receio, não compreendeu o que se passava comigo.

Em um dia muito especial, tive a visão de um ser iluminado que falava ao meu coração admirado com sua docilidade e firmeza. Apresentou-se como Gabriel e falava de uma forma muito estranha, pois lhe ouvia a voz dentro de minha cabeça[3],

2 Isaías, 40:3: "Voz do que clama no deserto: Preparai o caminho do SENHOR; endireitai no ermo vereda a nosso Deus." e Marcos, 1:2-3; "Como está escrito no profeta Isaías: Eis que eu envio o meu anjo ante a tua face, o qual preparará o teu caminho diante de ti. Voz do que clama no deserto: Preparai o caminho do Senhor, endireitai as suas veredas."

3 Aqui acreditamos se tratar de uma percepção mediúnica de clariaudiência e clarividência. (N.E.)

sem poder compreender o que estava se passando.

Saudando-me com respeito e afetividade, disse:

"Salve, agraciada e preparada pelas mãos do Senhor, pois Ele é contigo. Você é bendita entre as mulheres e representa o sentimento puro do amor. Com você será finalizado o ciclo evolutivo iniciado pela maldição lançada à serpente[4] que induziu Adão e Eva ao erro – impulsos primitivistas que dirigiam e dominavam a razão e sentimento no início do despertar espiritual. Você é a expressão do sentimento sublimado que em Eva era puro instinto. Assim, darás à luz um Filho e através desse nascimento os caminhos da redenção estarão traçados, não só para o seu povo, mas também para toda a humanidade, em perfeita sintonia com a vontade de Deus. Este filho se transformará em bênção para a vida de todos, pois que será a Luz a iluminar a noite das vidas na Terra".

Afirmou com uma clareza que me recordo como se fosse hoje que Aquela criança deveria receber o nome de Jesus, pois Sua grandeza de alma personificaria a presença de Deus na Terra e Ele seria o Messias tão aguardado para cumprir as profecias do passado. Pela Sua vinda ao mundo se reestabeleceria a trajetória dos perdidos da Casa de Israel – os capelinos – resgatando os pactos com o trono de Davi, de conquistar a razão influenciada pela fé, garantindo aos homens o caminho espiritual. Que Ele era a expressão viva de um espírito elevadíssimo e que Sua vida seria a expressão máxima do amor e da verdade, sendo realmente o Filho de Deus na Terra.

Aquela ocorrência me deixou muito assustada, pois eu era muito jovem e aquela revelação estaria, a meu ver, muito difícil de ser cumprida, pois nesta fase de minha vida eu não

4 Gênesis, 3:14.

era casada, embora estivesse prometida em casamento a José.

Notando minha perturbação, o emissário dos céus me tranquilizou e pediu para que eu não me preocupasse, pois aqueles fatos[5] aconteceriam de acordo com as determinações dos planos mais elevados da vida.

Sabendo do ocorrido, por ser justo pela nobreza de seu espírito, e não querendo difamar-me, José pensou, secretamente, em me deixar, mas o próprio espírito que falou comigo, apareceu-lhe em sonho e lhe disse que seria um compromisso espiritual elaborado pelo plano maior, do qual ele também fazia parte, fazendo-o lembrar de certo trecho do sonho, quando disse que eu daria à luz um filho e o chamaria pelo nome de Jesus, que tinha como missão não só a redenção de Seu povo mas da humanidade toda, e para mostrar que, a partir dessa fase da evolução humana, o sentimento seria a virtude mais desenvolvida, uma vez que a razão já conquistada lhe seria a base de aprimoramento.

Aquele clima de revelações tocou profundamente minha alma, mergulhando meu ser em sensações maravilhosas e, por algum tempo, que me pareceu muito rápido, me senti num lugar e numa época que não compreendia, mas me nutriam de uma força que me tornava capaz de cumprir aqueles sagrados deveres perante Deus.

---

5   Ao pedir que o autor espiritual trouxesse mais informações a respeito ele esclareceu: "Hoje, a ciência humana começou a penetrar no âmbito que envolve o nascimento de um espírito na matéria pela reprodução in vitro. As linhas de encarnação de um espírito puro, nas condições do Cristo, não obedecem às leis materiais – tal qual o homem as conhece – e que regem a formação e reprodução dos corpos físicos na Terra. No futuro, a espiritualidade poderá esclarecer mais detalhadamente esse aspecto. As conquistas nesta área representarão a supremacia do sentimento sobre a razão, ultrapassando a fase em que esta predominou na mente humana". (N.E.)

Neste momento eu disse àquele anjo de Deus: "Eis aqui uma simples serva do Senhor, e que eu possa cumprir meus deveres segundo suas palavras."

O que mais me surpreendeu foi ele ter me revelado que Isabel, minha prima, também teria um filho em condições especiais, por estar muito velha, e que ela já estava grávida há seis meses. Assim que pude, planejei visitá-la para podermos conversar sobre aqueles fatos, já que eu não sabia se ela estava mesmo grávida e também para confidenciar o que ocorrera comigo.

Assim que entrei na casa de Isabel e a cumprimentei, ela me disse que a criança em sua barriga se mexia sem parar, de uma forma inesperada e especial, como querendo lhe dizer alguma coisa. Como se estivesse tomada por uma força estranha e suave – que não atuava continuamente sobre ela com a possibilidade de uma comunicação mediúnica – modificou seu semblante e falou – pela psicofonia – das revelações que tive em minha visão, anunciando em viva voz o prenúncio da minha gestação futura, afirmando que o Fruto que eu iria gerar em meu ventre era bendito pelos céus, e que eu seria bendita entre as mulheres.

Fiquei com ela um bom tempo, acompanhando-lhe a gestação e quando a criança nasceu, voltei para minha casa em Nazaré.

Submersa em suas recordações, Maria me deu um sorriso e entrou na casa.

Eu me sentia feliz por todas as emoções daqueles momentos significativos, narrados por ela própria.

4.
O nascimento de Jesus

As conversas com Maria eram verdadeiros alimentos para minha alma e se renovaram por várias noites, e nós a escutávamos como quem busca sustentação para a vida.

Ela, com a sua doçura e singeleza, encantava nossos espíritos e, ao ouvi-la, forças desconhecidas nos envolviam, transformando aqueles instantes em verdadeira comunhão celestial.

Contou ainda que naqueles dias do nascimento de João Batista, vários fenômenos de natureza espiritual tinham acontecido. O que a tocou profundamente foi quando Zacarias, extremamente inspirado, declamou um poema de valor inexprimível e, ainda hoje, era como se ela estivesse ouvindo a voz do amado amigo. Mais tarde, antes de partir, ela mesma cantou o poema, emocionada, em homenagem ao nascimento de João Batista.

Nos dias que se seguiram não tivemos muito tempo para nos reunir, devido às necessidades de auxílio que aquela casa exigia consumindo as possibilidades de novos encontros.

Num final de dia, quando já terminadas nossas obrigações, Maria retomou suas lembranças, bastante emocionada:

— Lembro-me de quando saiu um decreto por parte de Cesar Augusto que determinava a realização de um senso de todo povo romano e demais povos que viviam sob o seu domínio. Nele, os homens deveriam se inscrever e declarar o seu nome, o dos seus pais, sua idade, o nome da sua esposa e dos filhos, seus bens, onde moravam e quantos escravos possuíam. Os que se recusavam a declarar estas informações podiam perder seus bens e seus direitos de cidadão. Sendo José o chefe da família, era imperioso que o censo ocorresse em sua terra natal. As mulheres não precisavam cumprir o decreto, mas deveriam acompanhar o esposo e assim, partimos de Nazaré para Belém, a cidade onde ele nasceu.

Naqueles dias, já me encontrava em adiantado processo de gravidez e a viagem se tornou mais demorada e desgastante. Quando chegamos a Belém, um grande número dos irmãos de nosso povo já se encontrava lá, outros chegavam a todo o momento e a movimentação era intensa. Os donos das hospedarias e até mesmo a maioria de nossos irmãos de raça, observando meu estado e antevendo o trabalho que o parto poderia lhes causar, afirmavam que suas casas já estavam cheias e que não poderiam nos receber. Assim aconteceu em vários lugares, até que corações generosos fizeram questão de nos acolher. A moradia principal se encontrava realmente cheia e nos levaram ao fundo, numa espécie de estábulo e celeiro, e ofereceram, como um quarto improvisado, um cômodo anexo que estava vazio. Lá tinha um cocho que poderia ser usado como uma caminha, caso a criança nascesse. Senti dentro de mim que era exatamente onde deveríamos ficar, como se meu Filho quisesse nascer ali mesmo.

De fato, neste singelo local, e envolvida por essas sensações, dei a luz a meu Filho, uma criança maravilhosa que, aos meus olhos, parecia verdadeiro anjo em forma de recém-nascido. Seu olhar tinha uma força tão especial que parecia me imantar ao seu coração, como se uma força irresistível nos ligasse para sempre.

Nos dias que se sucederam ao Seu nascimento, tivemos também a visita inesperada de alguns magos[1] de terras distantes

---

1 No Evangelho de Mateus vemos a referência sobre os pastores e o aviso do nascimento de Jesus. No de Lucas há o registro desse mesmo aviso para os reis magos. Podemos considerar a possibilidade de ser o mesmo grupo, registrado de formas diferentes. (N.E.)

Samuel Gomes

– capelinos de outras raças que foram ali para mostrar aos Judeus que aquele fenômeno era de importância vital, não só para eles, mas para a toda humanidade. Diziam ter estudado, por meio das estrelas, as leis e profecias, e que elas indicavam o nascimento do Ser que seria a salvação dos homens. Vestidos como viajantes nobres, eles trouxeram-Lhe presentes de suas terras que, para eles, tinham um significado especial. Ofertaram ouro – representando o amor como sentimento mais sublime –, incenso – simbolizando o perfume das virtudes – e mirra – significando o óleo da energia purificadora.

Pareciam portadores de habilidades especiais e falavam como que inspirados pelo espírito de Deus, afirmando que dali surgiriam as Boas Novas para todos, pois o Salvador ali Se encontrava. Como Senhor de todos os corações, Ele vinha para a felicidade de toda humanidade ligada à Terra. Relataram que aquele nascimento na manjedoura era um dos sinais dos céus e que foi prenunciado anteriormente[2] e afirmaram como um presságio do alto: "Gloria a Deus nas alturas, paz na terra, boa vontade para com os homens."[3].

Eles ainda nos advertiram que o rei Herodes[4], chefe dos Judeus e representante dos romanos, estava interessado em saber onde a criança, considerada como Rei do Judeus,

---

2 Miquéias, 5:2 - "E tu, Belém Efrata, posto que pequena entre milhares de Judá, de ti me sairá o que será Senhor em Israel, e cujas saídas são desde os tempos antigos, desde os dias da eternidade."
3 Lucas, 2:14.
4 Três Herodes tiveram papel de destaque na História do Cristianismo. O primeiro é Herodes – o Grande – um capelino em queda, que com receio de que houvesse nascido em Belém aquele que deveria derrubá-lo do trono, mandou matar todos os meninos menores de dois anos. O segundo foi Herodes Antipas, filho do primeiro e conhecido por recusar julgar Jesus, afirmando que nada tinha a ver com as acusações feitas a Ele pelo Sinédrio. O terceiro, Herodes Agripa, era neto de Herodes – o Grande e ordenou a morte do Apóstolo Tiago (que foi degolado) e determinou a prisão de Pedro.

nasceria. Sentiam intenções ruins em sua busca e seria importante evitar que ele soubesse sobre o nascimento e a existência da criança.

Então José, inspirado pelas forças superiores da vida, achou prudente viajar para terras mais distantes,[5] a fim de evitar qualquer perigo a nosso Filho, principalmente depois que ele mesmo, em sonho, ouviu de um anjo do Senhor que partíssemos dali.

Mergulhada nas lembranças do passado, Maria se calou.

Era como se estivéssemos vivenciando cada acontecimento narrado, com a nítida sensação de ter dado testemunho da beleza daquele Ser iluminado que, como uma estrela, desceu dos céus e veio clarear nossos corações obscurecidos.

---

5 Mateus 2:13: "(...) eis que o anjo do Senhor apareceu a José em sonhos, dizendo: Levanta-te, e toma o menino e sua mãe, e foge para o Egito, e demora-te lá até que eu te diga (...)."

Samuel Gomes

5.
Jesus e os doutores da lei

Maria dava continuidade às suas narrativas, as quais ouvíamos concentrados para não perder nenhum detalhe:

— Após se cumprirem os dias da minha purificação, segundo as leis de Moisés[1], nos dirigimos a Jerusalém para a apresentação de Jesus ao templo e a Sua circuncisão[2], adotada por nosso povo em suas práticas religiosas como entrega da criança a Deus, nosso Senhor, em aliança de carne, mostrando a reciprocidade deste ato de fé no corpo, bem como na alma.

Naquele tempo, vivia em Jerusalém, Simeão, um dos últimos profetas de Israel – espírito que pertencia a outro orbe, foi exilado para Capela e veio em missão para a terra –, homem simples, justo, reverente a Deus e que, na ocasião, estava no templo.

Ele já era um ancião e, há mais tempo, Deus lhe revelara que ele não morreria sem ver o Cristo Salvador e, Simeão, acreditando, esperou muitos anos para o cumprimento desta promessa. No dia da apresentação de Jesus, ele foi ao templo como sempre o fazia e nos viu entrar na sala dos rituais com Jesus. Nesta hora o Espírito Santo revelou a Simeão – médium clarividente – quem era Aquele menino trazido pelos pais para ser consagrado e ele O tomou em seus braços.

---

1 Levítico 12:2: "Fala aos filhos de Israel, dizendo: Se uma mulher conceber e tiver um varão, será imunda sete dias, assim como nos dias da separação da sua enfermidade, será imunda."

2 A circuncisão tem o sentido de um sinal da aliança entre Deus e Abraão e seus descendentes e de um rito de inserção no povo eleito, os Israelitas. Todos os recém-nascidos do sexo masculino judeus recebem em si esse sinal do pacto, com o qual entregavam a Deus a sua aliança de carne (anel prepucial), mostrando a reciprocidade desse ato de fé no corpo. A circuncisão torna-se um requisito obrigatório na Lei dada a Moisés (Levítico 12:2-3). No primeiro século da Era Cristã, era costume social entre os judeus dar nome ao filho no momento desse ato de fé. (N.E.)

Foi um momento de forte emoção. Ele carregava em seus braços o Cristo de Deus, viu sua promessa se cumprir plenamente e estava em paz para que Deus o despedisse da vida. Tomado de intensa felicidade profetizou: "Meus olhos viram a salvação do mundo preparada perante a face de todos os povos. É a Luz para iluminar as nações e para a glória do povo de Israel".

José e eu ficamos admirados com aquelas palavras e Simeão nos louvou dizendo: "Ele vem para queda e elevação de muitos em Israel – apresentaria valores que contrapõem os interesses religiosos da época, contestando o proceder dos sacerdotes e doutores da lei –, e para dar o sinal do que é contestado. Uma espada Lhe ferirá a própria alma para que se manifestem os pensamentos de muitos corações".

Esse fato criou em meu espírito certo temor com relação ao futuro Dele. Já no início da formação de nossa família, recebíamos a advertência de que Aquela criança especial trazia a verdade elevada, nascida de um espírito nobre, e colocaria em contradição as leis superficiais da religião que adulterava a sabedoria dos antigos profetas, refletindo as palavras de Ana[3], a profetisa, que afirmara ser Ele a redenção em Jerusalém.

Esse sentimento voltou mais forte, anos depois, quando Jesus, ainda menino, por volta de seus doze anos, foi conosco a Jerusalém e se confrontou com alguns dos doutores da lei,[4] por ocasião da Páscoa, festa na qual comparecíamos todos os anos. Mas antes, voltemos alguns passos da Sua infância. Jesus era um espírito puro e não precisou dos recursos hu-

---

3 Ana, filha de Fanuel, da tribo de Aser era uma judia idosa que profetizou sobre Jesus no Templo de Jerusalém citada em Lucas 2:26-38.

4 Os doutores da lei conseguiram grande influência e poder por serem profundos conhecedores e estudiosos da Torá, a lei de Deus. Por isso monopolizavam as questões jurídicas, religiosas e educacionais do povo judeu. Faziam parte do Sinédrio de Jerusalém e os seus julgamentos eram respeitados por todos. (N.E.)

manos da educação. Já possuía todas as capacidades humanas e muitas outras mais. Apesar de ter sido o que palidamente designaríamos de superdotado, Jesus soube apagar-se para não chamar atenção sobre seu espírito fora da hora.

Rememorando aqueles acontecimentos, tanto eu como José, já estávamos acostumados com as sumidas de Jesus que, por várias vezes, passava dias nas casas dos nossos conterrâneos em Nazaré, a conviver com os de nosso povo. Todos tinham grande confiança em Suas ações e escolhas e encontrávamos Nele um ser diferente dos demais que, mesmo na sua idade infantil, demonstrava um comportamento muito mais maduro, esclarecido e justo do que os próprios anciãos de Nazaré. Suas palavras sustentavam uma sabedoria que sabíamos não ser desse mundo, pois Ele não ouvira os ensinamentos que saiam de Sua boca, nem mesmos dos mais sábios sacerdotes dos templos onde se educou, e só quem tivesse uma ligação profunda com Deus poderia transmitir.

A Páscoa comemorava a libertação do povo Judeu da escravidão do Egito, que nos criara com sofrimentos rigorosos. Ela representava a forma que nossos corações encontravam para um agradecimento especial. Nossa caravana já voltava das comemorações dos rituais e ações de fé, e acreditando que Jesus estivesse com os irmãos e companheiros de viagem, não nos preocupamos com Sua ausência, pois Ele sempre se afastava de nós, utilizando essas oportunidades para consolar e auxiliar os enfermos e velhinhos tristes e aflitos. Após um dia de caminhada nós o procuramos para que ele ficasse mais próximo de nós e não O encontramos com nenhuma família. Constatamos que não estava na caravana e que ficara para trás. José e eu voltamos imediatamente para Jerusalém a fim de encontrá-Lo.

Por três dias percorremos os lugares por onde passamos, as casas que visitamos, olhamos entre as crianças que brincavam nas ruas e por fim, ao entrar no templo principal de Jerusalém, O encontramos sentado no meio de uma grande roda de estudiosos, senhores do templo, príncipes dos sacerdotes e doutores da lei que ouviam as sábias colocações que fazia, admirados com a Sua sabedoria e inteligência, especialmente por sua pouca idade.

Ele respondia suas indagações com a elevação de um mestre diante dos discípulos ávidos por novos ensinos. Suas palavras iluminadas e profundas a respeito das verdades divinas mostravam que muitos ensinamentos da época se colocavam distantes dos propósitos simples da misericórdia e da providência de Deus, pois tinham aspectos contrários aos princípios das leis que regem a vida universal.

Alertava que as práticas religiosas adotadas, satisfaziam mais os interesses dos administradores religiosos do povo que se utilizavam daqueles rituais de fé para ganhos superficiais e poderes transitórios.

Percebi que muitos dos que ali estavam murmuravam alertas e presságios negativos quanto ao futuro do menino, caso Ele continuasse a falar aquelas coisas, criando um sentimento ruim em meu coração de mãe, indicando para que tomasse cuidado com o Seu futuro, pois Seus pensamentos poderiam representar um perigo para Sua vida se continuasse com aquelas ideias revolucionárias para com as leis de nosso povo.

Registrei a notória admiração de uns, mas também a irritação e a preocupação de outros que não sabiam o que fazer, incomodados e nervosos diante daquela criança que mais parecia um velho sábio, portador de conhecimentos que nenhuma escola seria capaz de ensinar.

Preocupada com aquelas impressões, José e eu procuramos alguns deles para poder sentir o efeito das palavras de Jesus em seus corações. Recebemos advertências para que educássemos melhor o menino, principalmente nos princípios das leis de Deus, pois com aquelas ideias Ele seria presa fácil dos homens sem escrúpulos e perigosos que tudo fariam para manter seus interesses e negócios junto ao poder político--religioso da época.

Aquelas observações começavam a pairar em nossas mentes criando uma nuvem escura de preocupações e medos, a imprimir em meu coração maternal um sofrimento angustiante e despertando um instinto protetor que começava a surgir, querendo apartar Jesus de qualquer perigo que a maldade humana pudesse criar para Aquele ser tão angelical e sublime.

Em nossa apreensão, tanto eu como José, procuramos conversar com Ele para poder clarear, ao Seu imaturo coração, sobre os perigos a que Se expunha ao continuar com aquelas ideias que trariam perigo para Sua vida no futuro, mesmo sendo inspiradas por Deus.

Ao expormos nossa preocupação e desagrado por encontrá-Lo ali, para nossa surpresa, Ele respondeu: "Mãe, não se preocupe comigo, pois eu estou com Deus, e faço as coisas que nascem de Sua sabedoria infinita. Não sabem que convém que Eu trate dos negócios de meu Pai, e assim o faço mesmo antes desse mundo existir?".

Aquelas palavras eram ditas com muita segurança, mas eu não as compreendia, pois como poderia ser assim, se ele nascera em meu ventre? Que condições seriam aquelas? Que verdades reveladoras nasciam Daquela mente nobre? Procurei não render a conversa, mas um sentimento insistia em me dizer que temesse pela Sua vida e Seu futuro.

Ele conversou com os doutores no templo e falou de coisas que os preocuparam, deixando uma impressão de que quando crescesse iria se tornar um problema para eles pela forma como falou da verdade e da fé.

Sentindo minha alma e trocando Seu olhar com o meu, disse-me que não me preocupasse com Ele, pois ainda não era o tempo em que deveria fazer as coisas para as quais fora destinado e que iria assumir uma nova postura perante meu coração, auxiliando José em suas tarefas rotineiras, deixando-me mais tranquila e menos angustiada.

Ele sempre atuou de forma humilde, sem chamar a atenção sobre Seu ser, mas onde estava ajudava e orientava, Trabalhou muito tempo na carpintaria com José, esperando o momento certo para atuar de forma decisiva em sua missão.

6.
João Batista e Jesus

Consagrava meu tempo livre para reunir os fatos da vida de Jesus da forma mais ordenada possível, tomando também as anotações de Mateus, bem como as experiências vividas por João junto a Jesus, a quem ele tanto amava. Este vínculo especial de João com o Mestre se deu por ser ele um espírito extremamente amoroso e que naquela vida dava continuidade a uma sintonia natural entre eles advinda do passado longínquo.

Desses relatos, pude registrar as descrições sobre João Batista, que fora procurado pelo próprio Mestre para ser batizado, dando cumprimento às profecias de Isaías. Interessante ressaltar que houve muito pouco contato entre Jesus e João Batista durante a infância ou juventude. Eles eram primos de segundo grau e suas mães muito amigas, mas residiam em locais distantes e cada qual tinha compromissos diferentes onde moravam. Já na fase adulta, João foi morar no deserto, se cobria de peles e comia gafanhotos. Ele era um espírito que veio mostrar a necessidade de se trabalhar o deserto íntimo das criaturas, representado pelo campo de conflitos íntimos do passado culposo. Ao se cobrir de peles, simbolizava a necessidade do espírito de se "vestir" com o corpo físico, pela reencarnação reeducadora para progredir. Ao se alimentar de gafanhotos fazia referência à transformação dos hábitos adquiridos nos comportamentos inadequados do passado.

João, o apóstolo, descreveu as características daquele homem justo e austero no falar e pregar que, por personificar a justiça, batizava aqueles que se sentiam arrependidos convocando-os para atuar nos erros cometidos, transformando-os em acertos e bem ao próximo. Não eram poucos os fariseus e publicanos[1] que apareciam junto da

---

1 Os Publicanos eram judeus arrendatários das taxas públicas e supervisores

multidão que o buscava, mais tementes do que conscientes, procurando no batismo uma garantia futura de proteção e direitos perante Deus.

As palavras de João Batista eram veementes, firmes, e se dirigiam aos capelinos vinculados à Judeia que tiveram a oportunidade de ouvi-lo:

— Raça de víboras, cujos interesses se ligam aos aspectos mais rasteiros da vida! Quem os ensinou a fugir da ira futura? Procurem produzir frutos dignos do arrependimento verdadeiro e não por pertencer à descendência de Abraão, que é o pai de nossa geração. Vocês estarão inseridos dentro da promessa de garantia e poderes, feita a ele no passado[2]. Porque eu lhes digo que, mesmo a estas pedras, que representam muitos dos corações endurecidos de nossos irmãos naturais da Terra, pode Deus transformá-las através do tempo em seres dignos e despertos e que seriam representantes da mesma promessa feita a nosso patriarca Abraão.

Não observam que já está posto o machado na raiz das árvores enganadoras e usurpadoras que não representam um plantio saudável e promissor? Entendam que todas as árvores que não dão frutos bons serão cortadas e lançadas no fogo das transformações, cujas lágrimas e dores farão a redenção de seus espíritos insensíveis.

---

da cobrança dos impostos e rendas de toda espécie para Roma. Adquiriam riquezas, muitas vezes ilegais, frutos de cobranças e lucros escandalosos. De toda a dominação romana, o imposto foi o que mais dificilmente foi aceito e o que mais irritação causou. Os judeus odiavam a todos os publicanos e os consideravam grandes pecadores. (N.E.)

2 Gênesis, 15:5.

Ao ouvirem aquelas palavras muitos ficaram preocupados e perguntavam a ele o que deveriam fazer. E ele respondia:

— Aqueles que possuem duas túnicas – que aqui representam os valores da matéria e os recursos espirituais – devem repartir com o que não possui nenhum desses recursos; e quem tiver alimentos – destacando os de valor espiritual – faça a mesma coisa com o que não tem nada para se nutrir, no que diz respeito a uma visão elevada da vida.

Aquelas informações eram trazidas com clareza e beleza pelas palavras de João, o apóstolo, que com seu irmão acompanhou muitas vezes aqueles fatos mencionados. Ele reproduzia a fala do Batista:

— Na verdade, eu os batizo com a água que representa a mudança para a limpeza da alma, que está impregnada pelas impurezas do passado de erros e enganos. Mas virá Aquele que é maior do que eu, mais poderoso por parte de Deus, ao qual não sou nem mesmo digno de desatar as correias de Suas sandálias. Quando Ele chegar, os batizará pelo Espírito Santo com o fogo do conhecimento transformador, que queima a nossa identificação com a realidade material e a transforma na sutileza dos valores espirituais, proporcionando uma identificação com a essência de Deus.

Como trabalhador divino, Ele tem a pá da transformação em sua mão e proporcionará a limpeza da natureza humana por meio de Seus exemplos. Os resíduos de nossas imperfeições, como a palha imprestável, serão colocados no fogo das experiências transformadoras, se convertendo em material de iluminação da consciência como uma chama que não se apagará nunca mais.

Contou-nos também do dia em que Jesus procurou João para ser batizado. Com esta atitude, vinha ensinar que dali para frente a lei de justiça, simbolizada pelo batismo de João seria acrescida pela misericórdia e pelo amor que chegavam com Ele para cobrir a multidão dos pecados. Na hora do Seu batismo, quando Jesus orou, as condições materiais no entorno se transformaram, e num processo de manifestação mediúnica – usando o ectoplasma de muitos que ali estavam –, uma voz direta se fez ouvir, abrindo espaço para uma claridade interior, e cada um ouviu:

— Este é o meu filho amado, em quem me comprazo.

Nesta hora, o Espírito Santo apareceu sobre Ele na forma de uma pomba, indicando para todos que Aquele era o Messias.

Na época, Herodes gostava de ouvir as pregações de João Batista por ser ele um grande orador; mas quando o Batista se referiu às suas artimanhas para desposar Herodias, mulher de seu irmão Filipe e condenou seus comportamentos inadequados, eles se sentiram repreendidos publicamente. Herodes não ligou muito para o que ele disse por temer os profetas, mas Herodias, por uma artimanha de mulher ofendida, mandou Herodes prender João Batista e pediu-lhe a cabeça como prémio de uma dança sensual realizada por sua filha, Salomé, em homenagem a ele na ocasião de seu aniversário.

Depois desse relato procurei complementar com a genealogia de Jesus, com a ajuda de João e Maria, ficando para outro dia a descrição da tentação que Jesus passou em pleno deserto.

7.
A tentação de Jesus

Ouvíamos da fala de João alguns relatos que pareciam mais uma abordagem simbólica das nossas lutas na direção da libertação espiritual com Jesus, do que fatos realmente concretos.

Um deles foi a narração sobre a tentação pela qual Jesus passou em pleno deserto:

— Jesus era um ser com sensibilidade muito além do que poderíamos compreender, assessorado constantemente por uma equipe de espíritos superiores, conhecida pelo nome de Espírito Santo e que vivia em comunhão constate com o Criador. Ao buscar, em determinado momento, os campos mais áridos do deserto para ser tentado, queria mostrar aos homens que, para subir aos montes da elevação espiritual, é necessário trabalhar com as condições íntimas superando a aridez da alma para plantar nela os valões nobres do espírito. Em Jesus estas tendências já não existiam mais, mas para deixar exemplos de superação diante das nossas lutas íntimas, Ele se submeteu às tentações.

Jesus foi para o deserto, ficou lá pelo período de uma quarentena – que simboliza nosso estágio de lutas íntimas para a reforma moral –, em jejum absoluto – período em que nos abstemos de praticar o mal – e foi tentado pelo diabo – personificação dos condicionamentos ligados à nossa animalidade. Aqui, o diabo representa o homem mesclado da realidade animal, com chifres e tridente, expressando a tentativa desta animalidade preponderar sobre a humanidade, na qual reagimos com raiva, mágoa e rebeldia, onde o bom senso deveria predominar.

Este acontecimento tem muita significação para nossa vida prática. O período de afastamento no deserto representa nossa purificação espiritual, através de reflexões mais profundas ou pelas buscas de entendimento mais elevado. A tentação surge, para nós, nos instantes em que estamos mais preparados para dar testemunhos da verdade, e nesses momentos, somos confrontados pelas forças opostas ao nosso crescimento que incluem também nossas tendências inferiores do passado animalizado. Esses momentos são necessários para aferir os valores espirituais conquistados e as condições de entendimento mais profundo da vida.

Cada tentação enfrentada por Jesus traz um aprendizado fundamental. Na primeira tentação o diabo lhe disse: "Se você é realmente o Filho de Deus, diga a esta pedra que se transforme em pão". Em nosso contexto pessoal podemos dizer que, ao invés de fazermos do pão da verdade o alimento da transformação moral, nós o desvirtuamos, fazendo dele um recurso de superioridade pelo simples fato de conhecer a verdade e assim, nos vangloriamos e apedrejamos o semelhante com esta suposta vantagem, não realizando nossa transformação, que tem como base a humildade. Nessa projeção infeliz, queremos ser até mesmo maiores do que Deus.

Jesus lhe respondeu: "Está escrito que nem só de pão viverá o homem, mas em primeiro lugar de toda a palavra de Deus". Aí temos o exemplo da humildade em reconhecer nosso lugar perante o Pai e a nossa função de filhos, que é a de servi-Lo acima de tudo, nos sustentando das energias de Sua inteligência superior, pois sem Ele a nos influenciar, tudo o que fizermos, no fundo, de nada valerá.

Na segunda tentação, o diabo O levou ao alto de um monte – simbolizando que nossas imperfeições nos projetam em visualizações de grandeza pessoal –, mostrou-Lhe num só momento toda a grandeza dos reinos do mundo, dizendo-lhe:

"Te darei todo o poder e gloria, pois a mim foram entregues e posso dar a quem quiser. Assim, se me adorar, tudo isso será seu". Aqui ele coloca em teste os valores distorcidos por nossa ambição, com a qual podemos criar em nós a expressão de – egoísmo e vaidade –, perdendo assim nosso vínculo natural com o Criador.

E Jesus novamente respondeu: "Vai embora e se afaste de mim Satanás, porque também está escrito que apenas devemos adorar ao Senhor nosso Deus, e só a Ele servir." Aqui fica caracterizado que devemos estar atentos às insinuações diabólicas que nascem de nós mesmos sem atender-lhes as induções. Com o tempo elas vão embora, perdendo o poder de determinar nossas escolhas. Quando passamos a escutar mais nossa excelência espiritual a vontade do Pai se manifesta em nós.

Na terceira tentação, o diabo levou Jesus à Jerusalém, no alto do templo, e disse: "Se você é realmente o Filho de Deus, lança-Te daqui lá embaixo, pois está escrito que você mandará aos anjos que te cercam e te guardam que te sustentem nas mãos, para que nunca tropece no próprio pé e nem em alguma pedra." Aqui percebemos a tendência de nos acomodarmos diante dos conhecimentos espirituais, buscando obter benefícios gratuitamente, diminuindo nossos esforços na conquista dos valores eternos e transferindo para a espiritualidade o trabalho que nos compete.

Finalizando as lições dadas neste episódio Jesus respondeu: "Já nos foi falado para não tentar ao Senhor nosso Deus.", ou seja – não questionar os Seus desígnios. E acabando o diabo toda a tentação – representando o término das lutas com a nossa animalidade e aquisição da vitória que nos proporcionará a evolução em linha reta a partir daí –, ausentou-se deste por algum tempo. Nesta afirmação, nosso Mestre nos mostrou que deveríamos ter uma fidelidade aos propósitos do Pai, acima de tudo.

O nosso querido Mestre nos alerta para a constante luta que temos de travar com as tendências de poder ilusório e com a tentativa de ser maior do que o Criador, expressões máximas da nossa rebeldia, vaidade e prepotência, distorções estas com origem na idolatria própria e na fragilidade que alimentamos perante a grandeza de Deus, que Ele nos ensinou a perceber como nosso Pai.

Percebemos com Jesus que nossas maiores dificuldades estão nos desertos de nossos corações, onde criamos estas distorções, pelo vazio na relação com Ele.

Aquelas narrativas me eram gratas e sustentadoras. Nesta ocasião, falei para João que ele também deveria escrever aos homens um Evangelho sob sua visão e entendimento, o que ele logo se predispôs a fazer.

Assim, teríamos as anotações de Mateus, as mais antigas, as que estavam sendo escritas por Marcos, que era orientada por Pedro, a que eu estava fazendo, e agora as de João, que podemos nomear como os Evangelhos dos apóstolos e de Maria.

As lutas estavam ficando cada vez mais duras para o Cristianismo, principalmente contra Paulo em torno de quem já começavam a se articular as más querenças e tramas perigosas dos Judeus mais radicais que buscavam o apoio junto a Roma para tentar paralisar sua ação na divulgação e na abertura das novas igrejas cristãs.

Sempre que podia, coletava informações com os outros apóstolos para ampliar e concretizar o projeto de escrita, a fim de
começar outro, que seria o de escrever os atos dos apóstolos
após a crucificação de Jesus, narrando suas lutas e sacrifícios.

Surgia, portanto, novo desafio para conseguir deixar registradas as experiências valiosas e profundas que marcariam nossas
vidas para sempre.

8.
As ações de Jesus

Os trabalhos em nome de Jesus nos enchiam de alegria e ocupação, mas eu ficava sempre na expectativa de uma oportunidade de poder escrever, buscando cumprir os objetivos que assumi.

Não vamos aqui entrar em detalhes sobre a infância e juventude de Jesus, por ser necessário aguardar o tempo certo para estas revelações. Mas quero acrescentar que Jesus era um espírito muito atuante em todo o planeta, não ficando preso à matéria para agir no que pretendia. Quando mais jovem, atuou na carpintaria de José de forma anônima – dando o exemplo do trabalho dignificante. Mesmo neste período, não se descuidou de Suas responsabilidades como Governador da Terra.

Na sequência dos fatos, João contou sobre o dia em que Jesus pregou na sinagoga de Nazaré da Galileia, cidade onde passou sua infância. Ele já Se destacava, então, nessa localidade, em razão da atenção que as verdades simples e profundas, nascidas de seu coração augusto, despertavam:

Na pregação, Ele comentou sobre os desvios que os responsáveis pela orientação religiosa e moral do povo estavam fazendo, leu alguns versículos citados pelas profecias de Isaías[1] que anunciavam os prodígios[2] que o Messias realizaria,

---

1 Isaías 61:1: "O ESPÍRITO do Senhor DEUS está sobre mim; porque o SENHOR me ungiu, para pregar boas novas aos mansos; enviou-me a restaurar os contritos de coração, a proclamar liberdade aos cativos, e a abertura de prisão aos presos;".

2 *A gênese* – Capítulo 13, itens 4, 13 e 14: "O Espiritismo, pois, vem, a seu turno, fazer o que cada ciência fez no seu advento: revelar novas leis e explicar, conseguintemente, os fenômenos compreendidos na alçada dessas leis. (...) A intervenção de inteligências ocultas nos fenômenos espíritas não os torna mais milagrosos do que todos os outros fenômenos devidos a agentes invisíveis, porque esses seres ocultos que povoam os espaços são uma das forças da Natureza, força cuja ação é incessante sobre o mundo material, tanto quanto sobre o mundo moral. (...) dos fatos reputados milagrosos, ocorridos

---

transformando os recursos simples e limitados dos homens em patrimônios espirituais, principalmente o amor. Nesta hora Jesus revelou a todos que O ouviam que naquele dia tinha se cumprido o enunciado do profeta, e que o Messias estava ali, junto de seus corações.

Os que Lhe ouviram as palavras, vendo ser Ele o filho de José, encheram-se de ira e tentaram expulsá-Lo da cidade, levando-o ao alto do monte onde a sinagoga tinha sido construída, com o propósito de precipitá-Lo de lá, mas não sendo sua hora de morrer, passou entre eles sem que O percebessem, desmaterializando Seu corpo físico e retirando-Se dali. Confirmaria uma verdade citada por muitos, de que nenhum profeta é bem recebido em sua própria terra.

Mais tarde, ficaram sabendo que Jesus curou um endemoninhado em plena Cafarnaum, próximo dali, ocasião em que o espírito imundo dialogara com Ele e O reconhecera como o Santo de Deus. Jesus o convidou a sair daquele homem e foi prontamente obedecido. As pessoas que tudo viram, indagavam de si para si mesmas: "Que palavras seriam aquelas que até os espíritos impuros obedeciam? Que autoridade Ele tinha para dizê-las?".

O conhecimento daqueles fatos espalhou-se por muitas cidades daquela comarca, inclusive Nazaré, criando preocupações e comentários por parte das autoridades religiosas quanto ao perigo Daquele homem.

Saber dos feitos de Jesus me encantava a alma e alimentavam em mim o desejo de registrar suas ações com o máximo de

antes do advento do Espiritismo e que ainda no presente ocorrem, a maior parte, senão todos, encontram explicação nas novas leis que ele veio revelar. Esses fatos, portanto, se compreendem, embora sob outro nome, na ordem dos fenômenos espíritas e, como tais, nada têm de sobrenatural."

Samuel Gomes

detalhes possível.

Em uma ocasião em que me encontrei com Pedro, ele narrou o dia em que Jesus curou sua sogra, acometida por uma febre que não baixava e que logo depois da Sua intervenção ela se levantou curada e os serviu. Descobrindo que Ele ali se encontrava, muitos outros enfermos O procuraram, ocasião em que os endemoninhados falavam Dele como sendo o Filho de Deus – o Cristo. E assim ele ensinava aquelas verdades em vários lugares, para que a Sua missão começasse junto aos homens. Após alguns momentos relembrando as curas do Mestre, ele disse:

– Lembro-me com entusiasmo de uma manhã, quando voltávamos de uma pescaria no lago, que tinha sido muito fraca, e Jesus apareceu. Ao nos ver, pediu imediatamente para voltarmos ao mar alto para pescarmos novamente. Desanimado eu Lhe disse: "Trabalhamos a noite toda e a pesca estava muito fraca, mas, atendendo a Seu pedido e sob Sua palavra voltaremos.".

Com grande surpresa para todos, achamos uma grande quantidade de peixes, a tal ponto que nossas redes se rompiam e precisamos chamar mais barcos para poder levá-los. Naquela época, não sabíamos que a mente de Jesus penetra todos os ângulos da vida, sem limites, o que o ajudou a localizar mentalmente a posição do cardume, mostrando que sob Sua orientação, encontraremos a abundância da vida que reflete a sabedoria do Pai.

Depois desse fato, Tiago, eu e outros companheiros que ali se encontravam fomos chamados carinhosamente por Ele para que nos tornássemos pescadores de homens, convite que aceitamos com prazer, impressionados e maravilhados com Seu magnetismo e com a pesca maravilhosa. A partir dali O seguimos.

Logo após ter nos convocado para esta missão, Jesus foi procurado por um leproso que Lhe rogava a cura. Sua ação libertadora fez com que ele recuperasse a saúde e neste momento o orientou que, segundo a Lei de Moisés[3] – ato que simbolizava sua quitação consciencial com o passado dentro da Justiça, em nível perante a lei escrita nela –, ele deveria procurar um sacerdote após a cura para que, pela purificação, a cura fosse anunciada. Mesmo que Jesus lhe pedisse para não falar nada a ninguém do que lhe havia acontecido ele não o fez, divulgando para todo o povo que estava curado. Nesta atitude, percebemos a postura do doente que, ao invés de interiorizar a quitação do processo cármico junto à própria consciência, que é a matriz da doença, mostrou-se mais preocupado com os aspectos superficiais da cura.

O Mestre sabia que o que leva um espírito a ter lepra era seu passado espiritual ligado ao orgulho e a extrema vaidade, que criam os preconceitos segregadores entre pessoas e as raças que, naquela época, os separava do convívio social. Jesus atuava nas causas da lepra a ponto de reverter a doença porque percebia a possibilidade de mudança íntima da pessoa, intervinha, pela ação da vontade, no corpo mental inferior e

---

3 Levítico 14:2-8: "Esta será a lei do leproso no dia da sua purificação: será levado ao sacerdote, E o sacerdote sairá fora do arraial, e o examinará, e eis que, se a praga da lepra do leproso for sarada, Então o sacerdote ordenará que por aquele que se houver de purificar se tomem duas aves vivas e limpas, e pau de cedro, e carmesim, e hissopo. Mandará também o sacerdote que se degole uma ave num vaso de barro sobre águas vivas, E tomará a ave viva, e o pau de cedro, e o carmesim, e o hissopo, e os molhará, com a ave viva, no sangue da ave que foi degolada sobre as águas correntes. E sobre aquele que há de purificar-se da lepra espargirá sete vezes; então o declarará por limpo, e soltará a ave viva sobre a face do campo. E aquele que tem de purificar-se lavará as suas vestes, e rapará todo o seu pelo, e se lavará com água; assim será limpo; e depois entrará no arraial, porém, ficará fora da sua tenda por sete dias."

Samuel Gomes

perispiritual do doente, mudando seu padrão vibratório. O corpo físico, sob forte ajustamento do perispírito e com o auxílio técnico-mental de Jesus, operava a mudança fluídica das células visando a reconstituição celular.

Com o tempo, uma grande multidão sempre comparecia junto Dele, sejam de doentes e necessitados ou simplesmente dos que Lhe seguiam os passos onde estivesse.

Houve também um homem que havia ficado paralítico – por realizar continuamente ações violentas com o corpo, com mau uso desde recurso e da liberdade que ele oferece – e foi levado até Ele numa cama, em busca da cura. A casa em que Se encontrava estava tão cheia por causa da multidão que O cercava que tiveram de entrar pelo telhado. Ao vê-lo, Jesus disse: "Homem, os teus pecados te são perdoados". Ele tinha conhecimento não só do esforço de todos que cooperaram na busca pela sua cura – que representavam a misericórdia e amparo divinos em sua vida –, como também pelo seu merecimento diante da lei de causa e efeito, uma vez que o enfermo passou bem pelas experiências provacionais e educativas, fundamentando seu crescimento espiritual – já que perispiritualmente ele já estava curado.

Muitos dos doutores da lei, escribas e fariseus ali presentes, diziam: "Quem é este que diz tantas blasfêmias? Quem tem o poder de perdoar pecados senão Deus?". Jesus, ouvindo-lhes, respondeu: "Por que alimentam tais dúvidas e argumentam em seus corações com tais sentimentos? O que seria mais fácil dizer: 'Os teus pecados te são perdoados' ou 'Levanta-te e anda'? Ora para que vejam que o Filho do homem[4] tem poder sobre a Terra, podendo perdoar pecados, ordeno:

4 Jesus Cristo. (N.E.)

'Levanta-te e anda, toma a tua cama e vai para sua casa'". Nesta hora Jesus mostrou a todos que não são os aspectos superficiais da adoração humana que farão com que os poderes divinos nasçam no ser. Estas maneiras de pensar são mais para projetar as carências de nossas personalidades infantis em busca de respeitabilidade e falsa superioridade - filhas da vaidade - do que realmente para se transformar num instrumento do Pai em benefício dos outros, principalmente os sofredores.

E o paralítico fez o que lhe foi pedido, grato ao Pai pelas bênçãos recebidas. Muitos ficaram maravilhados, davam glória a Deus e diziam: "Hoje vimos prodígios!". Outros começavam a temer Aquele homem, cheios de despeito e preocupados com os próprios cargos.

Lembro-me de quando Ele convocou Levi,[5] em plena recebedoria. Após a convocação, fomos para sua casa e ele nos ofereceu um banquete junto de várias autoridades e publicanos.

Interessante observar que havia uma razão espiritual para que alguns dos que seriam os futuros apóstolos de Jesus reencarnassem em posições tão criticadas pelos judeus. Primeiro porque as atividades estavam ligadas com o passado de cada companheiro pelas vidas dos compromissos pessoais. Segundo, porque as funções materiais teriam uma mesma característica espiritual, só que empregada para finalidades nobres.

Alguns escribas ali presentes, falaram: "Por que ele bebe e come com publicanos e pecadores?". Ao ouvir os questionamentos Jesus respondeu: "Os sãos não necessitam de mé-

---

5 Refere-se a Mateus que era judeu, mas trabalhava como cobrador de impostos para Roma, e por isto era muito mal visto pelos irmãos de sua raça, que o consideravam indigno.

Samuel Gomes

dico, mas sim os que estão doentes e enfermos. Eu não vim chamar os justos, mas sim os pecadores ao arrependimento.", demonstrando que a finalidade de todos nós é servir – a quem necessita e independente da posição que ocupa ou o que faz – e seguir os padrões que Deus determinou para o desenvolvimento do amor na Terra.

Questionaram por que Seus seguidores bebiam e comiam sem a preocupação com o jejum e a oração que os discípulos de João Batista faziam, bem como os seguidores dos fariseus. Ele lhes disse: "Vocês podem exigir o jejum dos filhos das bodas – os apóstolos – enquanto o esposo – Jesus – está junto deles? Dias virão, porém, em que o esposo lhes será tirado, e então, naqueles dias, jejuarão". Mostrava assim, que existem jejuns que se referem às disciplinas externas, mas que as principais são as que conseguimos fazer por dentro de cada um de nós, na perda da dependência dos que nos orientam, já que todos deverão aprender a caminhar com os próprios pés.

Após uma pausa nas narrativas para se alimentar e descansar, o amoroso Pedro continuou:

– Vou lhes contar uma parábola[6] apresentada pelo Mestre: "Ninguém tira um pedaço de pano novo para fazer um remendo numa roupa velha, pois sabe que a velha se romperá no remendo, por não suportar a nova. Como também, não se coloca vinho novo em odres velhos, pois que o vinho novo romperá os odres com a pressão da sua fermentação, entornando o vinho e estragando os sacos de pele." Esse exemplo nos mostra a necessidade de abrirmos mão dos aspectos superficiais de nossa aparência religiosa para que a

---

6 Jesus usava parábolas para conseguir transmitir seus ensinamentos para os espíritos mais novos – os terrenos – para que quando tivessem condições mais amplas pudessem compreender, como acontece hoje com muitos.

essência espiritual, que não precisa desses recursos para se expressar, possa se apresentar pura e viva.

Aqueles fatos e suas interpretações espirituais enchiam meu coração de paz e me davam mais entusiasmo para conhecer e registar a grandeza Daquele que era realmente a representação de Deus.

9.
Evangelho
e atos dos apóstolos

Em certa oportunidade junto de Paulo, lhe pedi para começar também a escrever sobre os acontecimentos e a vida dos apóstolos, para que complementasse os registros que eu estava estruturando.

Ele aderiu ao novo projeto com muita satisfação e disse que faria tudo para dar apoio e acrescentar as próprias experiências nos momentos que trabalhássemos juntos. Ainda sugeriu que pegasse todos os detalhes possíveis com os outros apóstolos para enriquecer, com as experiências deles, a descrição dos fatos com maiores detalhes.

Foi assim que, em paralelo ao Evangelho que escrevia, comecei a registar as experiências vividas pelos apóstolos após a morte de Jesus. Estava iniciada a primeira fase do segundo livro[1] de apoio e complemento do Evangelho.

Dando seguimento ao trabalho, voltei às narrativas de João sobre o que significa a necessidade de guardar o sábado[2]:

— Foi exatamente no segundo sábado de um mês da primavera que Jesus, ao passar por terras cheias de espigas de milho, pediu aos seus discípulos para colherem algumas para se alimentarem, já que nada mais tinham para comer.

Neste exato momento, alguns fariseus que estavam interessados em criar polêmicas em torno do Mestre, disseram: "Por que seus discípulos fazem o que não é lícito: agir em pleno sábado?". Jesus lhes respondeu: "Vocês nunca leram em seus

---

1 Atos dos apóstolos.
2 Êxodo, 20:8-10 - "Lembra-te do dia do sábado, para o santificar. Seis dias trabalharás, e farás toda a tua obra. Mas o sétimo dia é o sábado do Senhor teu Deus; não farás nenhuma obra, nem tu, nem teu filho, nem tua filha, nem o teu servo, nem a tua serva, nem o teu animal, nem o teu estrangeiro, que está dentro das tuas portas.".

livros sagrados, que quando Davi teve fome, ele e os que estavam junto dele entraram na casa de Deus, tomaram os pães da proposição e os comeram, dando também a outros famintos os pães destinados apenas aos sacerdotes, em pleno sábado?". E completou dizendo: "O Filho do homem é senhor até do sábado". Os raciocínios do Mestre confundiam as intenções pequenas daqueles homens, procurando mostrar que todas as coisas criadas pelo homem não poderiam ser maiores do que Ele próprio. Diante destas palavras precisamos refletir o quanto as coisas nos dominam, determinando nossas escolhas e nos fazendo sofrer. Assim nos deparamos com o poder das convenções sociais, das opiniões alheias e outras tantas que não deveriam ter domínio sobre nós.

Na semana seguinte, como aqueles fariseus e alguns dos escribas O acompanhavam na caminhada de trabalhos, entrou numa sinagoga para ensinar e viu um homem com a mão direita defeituosa, com se estivesse ressecada.

Aqueles homens esperavam que Ele curasse em pleno sábado para criarem um pretexto de colocar as ações de Jesus contra os princípios de Moisés. Assim, ficaram na expectativa de que Ele fizesse isso.

Como Jesus conhecia, pela clarividência, a intimidade de seus pensamentos e de suas intenções, foi até o enfermo e convidou-o para se levantar e ficar de pé. Depois lhe fez uma pergunta em voz alta para que os outros a ouvissem: "É lícito aos sábados fazer o bem ou fazer o mal? Salvar uma vida ou matar?". Ante o silêncio do homem e olhando para todos em redor, disse novamente: "Esconde a sua mão". E ele atendeu--lhe o pedido. Mas, quando voltou com ela perante todos, ela estava curada e reconstituída como a outra. Nesse caso,

Jesus viu que as mãos perispirituais estavam curadas e, com seu poder magnético, fez o ajustamento entre o corpo físico e astral num autêntico fenômeno físico de cura, como acontece em reuniões mediúnicas com essa mesma finalidade.

Os representantes da lei judaica ficaram com muita raiva e aumentaram suas tramas para anular Jesus que, a seus olhos, tornava-se, cada vez mais, um perigo para seus interesses.

Após breve pausa, perguntei a João como tinha sido a escolha dos doze apóstolos, ao que ele me respondeu:

— Depois que Jesus passou uma noite em oração no monte, logo na manhã do dia seguinte, chamou seus discípulos e escolheu doze dentre eles e a partir dali ficaram conhecidos como os doze apóstolos. Jesus conhecia todos eles de outras vidas e esta escolha já estava pré-estabelecida no plano espiritual para que eles pudessem implantar o Evangelho no mundo.

O primeiro foi Simão Pedro, depois André seu irmão. Logo chamou Tiago e João, Filipe e Bartolomeu, Mateus e Tomé, Tiago o filho de Alfeu e Simão que também era conhecido como o Zelote. A seguir convidou os dois Judas, o primeiro, irmão de Tiago e o segundo o Iscariotes, que seria futuramente o seu traidor.

Assim, na maioria das vezes, os doze O seguiam aonde ia e se encontravam à noite para conversar e estudar os ensinamentos que Ele lhes dava. Muitos outros discípulos continuaram a segui-los, bem como constante multidão que vinham de toda Judeia, notadamente de Jerusalém, da região marítima de Tiro e de Sidom. Queriam ouvir Suas verdades e curar suas enfermidades.

Pessoas atormentadas pelos espíritos obsessores e doentes sempre estavam presentes naquela multidão e muitos procuravam tocar Jesus que emitia virtudes curadoras, na manifestação de fluidos poderosos a nascer Daquela mente extraordinária, cuja dinâmica se fundamentava no amor.

10.
Alívio e orientações

Num dia em que me encontrei com Pedro e João, pude perguntar o significado de cada uma das bem-aventuranças. Os esclarecimentos vieram a seguir:

— Naquele dia em especial, quando nos encontrávamos preocupados em atrair pessoas importantes para somar no nosso movimento evangélico, Jesus, compreendendo que a nossa preocupação nesse sentido poderia desvirtuar da essência de Sua mensagem, procurou nos ensinar que os fundamentos do Evangelho não se apoiariam nos aspectos exteriores e superficiais dos padrões humanos, dirigiu-Se à multidão de pessoas maltrapilhas, doentes e limitadas ao seu redor e colocou-Se num lugar onde todos pudessem vê-Lo para lhes falar aos corações:

"Bem-aventurados[1] os pobres de espírito, porque deles é o reino de Deus, pois têm a simplicidade de saber usar sem possuir, realizar sem se destacar publicamente, agindo com domínio de si mesmos.

"Bem-aventurados os que agora choram diante do sofrimento bem suportado, realizando a limpeza de seus compromissos do passado, pois a paz nascerá na intimidade de suas almas trazendo uma alegria suave, deixando de chorar pela revolta ou impossibilidade de atender ao interesse próprio.

"Bem-aventurados os mansos e pacíficos que aprenderam a dominar os impulsos de sua natureza animal, porque eles herdarão a Terra com seus recursos infinitos aprimorados, habilitando-se a viver nela quando se encontrar redimida.

"Bem-aventurados os que agora têm fome e sede de justiça,

---

1 Mateus, 5:3-10.

pois serão fartos já que buscam a renovação espiritual e o crescimento íntimo, vencendo necessidades fantasiosas, tendo menos dependência de pessoas e de coisas materiais para ser felizes, entrando na harmonia dos direitos e deveres traçados pelo Pai.

"Bem-aventurados os misericordiosos, pois terão a misericórdia que nasce de Deus para com todos que percebem os próprios limites, entendem que os outros erram ou falham, descobrem o perdão e a paz íntima de não se ofenderem mais.

"Bem-aventurados os limpos de coração porque verão a Deus, pois na simplicidade desse olhar não há malícia ou julgamento, percebendo a Inteligência de Deus em todas as coisas e seres.

"Bem-aventurados os pacificadores que serão considerados verdadeiros filhos de Deus, pois além de dominarem sua natureza inferior, favorecem a paz onde se encontram.

"Bem-aventurados os que são perseguidos por causa da justiça - filha dos interesses inferiores e das buscas ilusórias dos homens -, pois ao passarem pelas provas sem revolta, o reino dos céus será deles.

"Bem-aventurados serão os que forem injuriados e perseguidos pelos opositores da verdade que, mentindo, disserem todo o mal contra eles por causa dos meus ensinamentos e exemplos. Alegrem-se, porque grande será a recompensa espiritual, conquistada pelo testemunho da verdade de meu Pai, mostrando a maturidade de seus espíritos, sendo exemplos vivos da verdade na Terra, pois assim também se sujeitaram seus pais e os profetas, antes de vós."

Mas, ai daqueles que são ricos de bens materiais e se encontram na pobreza de valores humanos, pois já possuem a própria recompensa e consolação. Ai daqueles que abusam dos recursos alcançados e não sabem usá-los, transformando-os em fonte de descontroles e doenças para suas vidas, pois vão sentir fome de equilíbrio e de saúde interior.

Ai daqueles que aceitarem com satisfação os conceitos vazios e ilusórios dos homens que dizem o bem sobre suas atitudes, porque assim fizeram enganosamente aos falsos profetas e suas mentiras.

Ao ouvirmos suas orientações naquele dia, nossos corações pareciam mais felizes e leves e todos que estavam na multidão se dispersaram com maior ânimo e alegria.

Os amados Pedro e João deram uma pausa nos relatos. Era interessante ver que as lembranças de um se intercalam com as do outro em perfeita harmonia, como se as falas se complementassem. Após alguns minutos de reflexão, continuaram:

— Quando nos achamos a sós com o Mestre de amor, disse-nos em particular:

"Mas ai de vocês, que tem ouvido mais de perto o que digo. Amai os seus inimigos e fazei o bem aos que os odeiam, pois o coração de vocês tem recursos mais nobres para oferecer, e o inimigo é um irmão que se desvirtuou da capacidade de amar em função do egoísmo ou do orgulho ferido, chagas ilusórias da alma.

Abençoem sempre aqueles que os maldizem, orando pelos que vos caluniam, pois eles não sabem o que fazem e acabam por se tornar um meio de mostrar o crescimento de vocês para

Deus. Àquele que lhe tirar a capa, procure oferecer também a túnica de sua riqueza íntima, sendo assim admirável perante Deus, dando a qualquer um que pedir, mesmo que seja um sorriso. E ao que tomar o que lhe pertence – tempo, atenção, carinho e cuidado –, não torne a pedir de volta, pois só temos o que damos e há mais riqueza em dar do que em receber.

E como desejam que os homens ajam com relação a vocês da mesma maneira ajam também com eles, pois essa é a lei que sustenta a vida para se chegar à fraternidade verdadeira que rege todo o universo.

E se amarem somente aos que os amam, que valor terá este amor? E se só fizerem o bem aos que os fazem o bem, que recompensas terão? Também os pecadores fazem o mesmo, no exclusivismo do amor parcial e limitado. E se só emprestarem àqueles de quem tem certeza de que receberão de volta, que recompensas terão? Também os pecadores emprestam aos pecadores, para tornarem a receber outro tanto pela troca interesseira. Só Deus é detentor de tudo e todas essas coisas são empréstimos Dele em nossas mãos, para serem bem usadas a benefício de todos.

Assim, será grande a compensação e também o reconhecimento de vocês como filhos do Altíssimo, pois se Ele é benigno até para com os ingratos e maus, como tratará vocês? Reflitam sobre a Sua ação educativa e boa da não violência.

Sejam sempre misericordiosos, como também o Pai é misericordioso."

A história foi interrompida novamente. Eu podia notar que era visível a necessidade de ordenarem os fatos que viveram com o Cristo a fim de serem fiéis ao que acontecera.

Após alguns instantes, recomeçaram:

— Jesus nos ensinou ainda que a ninguém podemos julgar ou condenar, pois quem julga não percebe as próprias limitações íntimas e recebe, como consequência do próprio julgamento inadequado, avaliações do mesmo teor. Alertou-nos que um cego não pode guiar outro, pois ambos cairiam nos buracos e que para auxiliar temos que ter o cuidado de desenvolver os conhecimentos básicos para isto. Falou que o discípulo não é maior do que o Mestre, mas que será como Ele um dia. Que é necessário tirar primeiro a trave[2] de nossos olhos antes de tentar tirar o arqueiro do olho do outro.

Ensinou-nos, por parábolas, a repensar nossos interesses, comparando-nos com uma árvore e seus frutos, explicando que uma boa árvore não produz maus frutos e que é pelo fruto que se conhece a árvore. Que o homem bom, na sua intimidade, tem o tesouro do bem, igualando-se àquele que construiu a sua casa sobre a rocha, em segurança, e não sobre a terra fofa que cairá e se transformará em ruina diante dos embates da vida.

---

2 Mateus 7:5. A trave significa grande pedaço de madeira e o arqueiro quer dizer um cisco, coisa pequena. (N.E.)

11.
Acontecimentos
e fatos

Os detalhes da vida de Jesus são um direcionamento correto e estímulo indispensável para qualquer um que deseje crescer e vencer na vida.

Escrever esse trabalho nutria-me a alma, aumentando minha fome de conhecer mais detalhes de Sua sabedoria e exemplos. Os momentos em que eu me dedicava a ele eram, para mim, uma realização espiritual profunda.

Esperava sempre com grande expectativa poder viver os instantes em que estivesse com algum dos apóstolos para poder dar continuidade à tarefa.

Uma experiência especial transmitida por eles foi a cura de um servo de um centurião romano, que se destacou para mim pelo fato de envolver um romano, pessoa pública e com função militar muito específica em nossa época e pelo fato dele se interessar pela personalidade de Jesus.

O fato ocorreu na Cidade de Cafarnaum, onde Jesus realizou muitas curas, como se aquela cidade fosse o símbolo das doenças humanas em busca da saúde espiritual. Foi ali que o servo de um centurião – responsável por comandar cem soldados romanos – adoeceu. O centurião ficou muito pesaroso em função da estima que alimentava pelo dedicado e leal servo, mostrando uma sensibilidade amorosa pelos desvalidos e simples.

Ao ficar sabendo da capacidade de cura de Jesus o centurião pediu a alguns anciãos judeus com quem fizera amizade forte, que intercedessem junto ao Nazareno para que curasse seu criado[1]. Como ele usou de sua autoridade para ajudar muito daqueles judeus, principalmente na construção da sua sinagoga,

1 Mateus, 8:5-10 - A narrativa desta passagem afirma que o centurião falou diretamente com Jesus. Estas diferenças acontecem entre os quatro Evangelhos. (N.E.)

eles buscaram os apóstolos e Jesus.

Ao fazerem o pedido a Jesus, explicaram que o centurião se tratava de um romano justo e bom, que estimava o povo judeu. Assim, Ele os seguiu em direção à casa do centurião. Quando este ficou sabendo, por alguns amigos, da intenção de Jesus ir até sua casa, mandou dizer a Ele para não se incomodar, pois não era digno de que o Mestre entrasse debaixo do seu telhado e nem de se encontrar com Ele. Mas, bastava que Jesus dissesse apenas uma palavra e seu criado se curaria, porque ele também era homem de autoridade e comandava soldados, e investido desse poder dizia a um: "Vai!", e ele ia; e dizia a outro: "Vem!", e ele vinha; e ao seu servo: "Faça isso!", e ele fazia.

Jesus, observando-lhe a capacidade de raciocínio e entendimento espiritual mais desenvolvidos, fundamentados numa fé raciocinada, maravilhou-Se dizendo aos que estavam junto dele:

— Digo-lhes que nem em Israel tenho achado tanta fé.

Jesus não precisava de nada para operar à distância e sempre respeitou as condições, os débitos, os créditos, as necessidades e o esforço de cada um.

E aqueles amigos que foram enviados, voltando para a casa do centurião, encontraram o servo curado.

Os acontecimentos iam se sucedendo. Na cidade de Naím realizou a ressurreição do filho de uma viúva[2] pois no momento em que estava entrando na cidade viu um grupo levando o defunto[3],

---

2 Lucas, 7:11.

3 Ele não estava morto e sim em catalepsia patológica que é uma doença rara, em que os membros se tornam rígidos, deixando a pessoa imóvel, com respiração em nível mínimo, muito próximo ao estado físico da morte. O que houve foi o

perto da porta da cidade. Comovido por íntima compaixão pela dor da mãe, Ele lhe pediu para que parasse de chorar e tocando no defunto, pediu para que ele se levantasse. Atendendo ao chamado, o morto se levantou e começou a falar. Com a ordem verbal – para ensinar os que ali estavam – e atuando magneticamente, reestabeleceu as energias dos centros vitais perispiríticos, o que fez com que as forças de vida voltassem a circular normalmente.

Esta cura ocorreu para mostrar que muitos de nós nos encontramos mortos para a realidade da vida eterna e Jesus, representado pelos ensinamentos e conhecimentos elevados da realidade da vida imperecível, pode reviver qualquer ser humano morto por dentro, despertando-o à vida em sua essência espiritual.

Após a ressureição do jovem, o povo glorificou ao grande Profeta que se levantara entre eles, como se fosse a visita de Deus.

A fama de Jesus crescia por toda a Judeia e nas cidades próximas.

Outro fato que anotei foi o que envolveu João Batista que, ouvindo sobre as realizações do Cristo, chamou dois de seus discípulos para procurar Jesus e fazer a seguinte pergunta:

– Você é Aquele que haveria de vir, segundo as profecias ou esperamos outro?

Mas, Jesus, notando sua dúvida lhe respondeu[4]:

– Diga a João Batista que observe meus ensinamentos e tudo o que faço. Os cegos voltam a ver, os coxos andam, os leprosos

reestabelecimento de energias vitais aos centros perispiríticos, o que faz com que volte à vida normal. No passado já existiram casos de pessoas que foram enterradas vivas e na verdade estavam passando pela catalepsia patológica, onde passam horas inertes, mas conscientes. (N.E.)

4 Lucas, 7:22.

ficam purificados, os surdos ouvem, os mortos ressuscitam e aos simples e os pobres ouvem o Evangelho, afirmando ser bem-aventurado aquele que não se escandaliza nele.

Logo depois, Jesus falou sobre a pessoa de João Batista:

— O que vocês saíram para ver? Um profeta? Digo que ele é muito maior do que os profetas, pois dele está escrito: "Eis que envio o meu anjo diante de Sua face, o qual preparará diante de Ti, o Teu caminho"[5]. Esta referência mostrava que ele seria o profeta Elias que voltou para indicar a presença do Messias entre vocês. Afirmo que entre os nascidos de mulher, ou seja, daqueles que necessitam de um corpo para reencarnar no orbe para viverem o processo evolutivo de humanização na Terra, não existe ninguém maior do que João Batista. Mesmo assim, apesar da sua grandeza, ele ainda é menor do que o menor do reino de Deus, pois ainda não atingiu a condição de se tornar um espírito puro.

Alertou ainda que todos os que foram batizados por João Batista e o ouviram, harmonizaram-se perante a justiça de Deus, com exceção dos fariseus e doutores da lei, que não ouviram os conselhos do profeta e nem foram batizados por ele.

Comparou os homens da nossa geração, perguntando a quem eles se assemelham e respondeu aos meninos que, assentados na praça, só querem se divertir e viver prazerosamente e sem comprometimento com o crescimento pessoal, mostrando a imaturidade de seus espíritos, a dizer:

— Tocamos flauta e não dançaram; cantamos lamentações, e não choraram.[6]

---

5 Lucas, 7:27.
6 Lucas, 7:32.

Samuel Gomes

Aqui Jesus fazia menção a muitos capelinos recalcitrantes que, embora sensíveis e capazes de serem tocados pelos sentimentos, queriam se manter em sintonia mental com os terrenos, sem realizar o esforço de crescimento a que foram chamados. Dentre os deportados, nem todos caíram pelo erro, sendo exilados pelas condições primitivas que ainda possuíam.

Explicou que João Batista veio e não tinha o hábito de comer pão e nem beber vinho, representando que ele não se vinculava aos interesses imediatos da vida e nem às ilusões dos poderes corruptíveis do ser, e mesmo assim foi dito que ele tinha o demônio em si.

Depois, veio Ele, Jesus, o Filho do homem, que comia pão e bebia vinho, e foi dito:

— Eis aí um homem comilão e bebedor de vinho, amigo dos publicanos e pecadores.[7]

Mas a sabedoria de Deus é justificada, pois que há espíritos que são capazes de lidar com esses estímulos desafiadores sem se deixar levar ao desregramento, usando-os com equilíbrio.

Contaram ainda da pecadora que foi perdoada em pleno jantar, oferecido por um fariseu que procurava pegá-lo em erro. Jesus estava assentado à mesa, quando uma mulher, sabendo que Jesus estava na casa dele, levou-Lhe um vaso de alabastro[8] contendo um bálsamo perfumado[9], com o qual lavou os Seus pés, molhando-os também com suas abundantes lágrimas de arrependimento, enxugando-os com os próprios cabelos e

7 Lucas, 7:34.
8 O alabastro é uma pedra oriental muito usada para a produção de pequenos frascos de perfume ou os vasos de unguento. (N.E.)
9 Marcos 14:3: "(...) veio uma mulher, que trazia um vaso de alabastro, com unguento de nardo puro, de muito preço (...)".

beijando os pés enquanto os ungia, demonstrando que, quem sente a fé renovadora e profunda em sua alma está à frente de quem só a raciocina ou possui uma fé superficial.

Vendo aquela cena, o fariseu que O tinha convidado, falava consigo mesmo:

– Se Ele fosse mesmo um profeta, saberia quem era aquela mulher e o que faz da sua vida, pois é uma pecadora.

Jesus, que lhe conhecia as intenções, dirige a palavra a Pedro e diz:

– Simão, tenho uma coisa a dizer-lhe.

– Fale, Mestre.

– Certo credor tinha dois devedores, um lhe devia quinhentos dinheiros e o outro cinquenta. Como eles não tinham como pagar, o credor perdoou a ambos. Qual deles o amará mais?

Pedro, com ar de seriedade respondeu:

– Tenho para mim que é aquele a quem mais perdoou.

E Jesus lhe disse:

– Você julgou bem.

E continuou:

– Entrei na sua casa e encontrei as convenções dos interesses sociais superficiais, mas você não me deu água para lavar os pés[10]. Esta mulher lavou meus pés com suas lágrimas e

10 A origem da prática se refere aos costumes da hospitalidade nas civilizações mais antigas, principalmente por ser comum usar, naquela época, sandálias abertas, que empoeiravam os pés. Ao receber um hóspede, o anfitrião

os enxugou com os seus cabelos, dando provas dos sentimentos elevados e nobres de arrependimento que possui e que estão além das aparências exteriores dos homens que só enxergam os prazeres transitórios. Você sequer me deu um abraço, mas ela desde que entrou, tem me beijado os pés e passado unguento neles, demonstrando a humildade de seu espírito. Por isso lhe digo que os seus muitos pecados estão perdoados, porque muito amou; mas aquele que pouco ama, pouco é perdoado.

Dirigindo-Se à mulher, disse:

— Os teus pecados estão perdoados, a tua fé te salvou, vai em paz.[11]

E os que estavam lá, começaram a dizer para si mesmos:

— Quem é este, que até pecados perdoa?

---

deveria providenciar uma vasilha com água e um servo para lavar os pés dos convidados. (N.E.)
11 Lucas, 5:20-22.

12.
As curas e a missão dos apóstolos

Certa vez, os nossos apóstolos falaram sobre um fato que lhes chamou muito a atenção, no qual Maria e os irmãos de Jesus[1] O procuraram durante uma pregação e Ele, querendo ensinar acerca da importância da família espiritual, cujos laços se estruturam na vida do espírito, disse a todos:

– Quem é minha mãe e quem são meus irmãos? São todos aqueles que ouvem a palavra de Deus e a executam.[2]

Na cidade de Gadara teve a cura interessante de um endemoniado – perturbado ao ponto de sintonizar com alguns espíritos com os quais tinha ligações cármicas. Em meio ao processo de desobsessão, Ele perguntou ao espírito o seu nome e ele respondeu se chamar Legião, porque muitos espíritos estavam obsidiando aquele homem. Jesus ordenou para que os espíritos obsessores saíssem do homem e entrassem nos corpos de muitos porcos que estavam pastando junto à borda de um penhasco, perto dali – Jesus aqui se referia à condição mental de porco, isto é, uma mente que come qualquer alimento sem perceber os valores que ele traz, não importando se é nobre ou inferior. Essa é a característica dos espíritos que não tem filtro moral no que buscam.

Imediatamente os porcos se precipitaram do despenhadeiro, num lago, onde se afogaram todos. Esse acontecimento faz referência aos espíritos ainda animalizados, realizando sua evolução na Terra, que se nutrem de qualquer substancia mental

---

1 Considera-se que Jesus tinha irmãos e irmãs, baseado nos Evangelhos de Marcos 6:3 e Mateus 13:55-56. Os evangelhos canônicos nomeiam quatro irmãos, mas apenas Tiago é conhecido historicamente, pois após a morte de Jesus, Tiago, o irmão do Senhor em Gálatas 1:19, era o líder da congregação em Jerusalém. Alguns historiadores consideram os irmãos de Jesus como sendo filhos de José de outro casamento, ou filhos de uma irmã de Maria ou de uma irmã de José, e que os "irmãos" e "irmãs" eram na verdade primos. (N. E.)
2 Lucas, 8:21.

para a sustentação de suas almas, não distinguindo o certo do errado, o bom do mau, numa linha de aprendizado reencarnatória presa a sofrimentos e experiências mais ásperas. A partir daí, os gadarenos passaram a representar os espíritos com esse perfil moral, embora nem todos eles estivessem nesta posição.

Os fatos extraordinários que ocorreram em Suas ações representam os recursos da ação espiritual dos quais Ele se utilizava para manipular magneticamente os fluidos de natureza sutil para as intervenções que desejava, e que ultrapassavam a perspectiva da realidade material. Aos olhos da ignorância humana esses feitos foram vistos como milagres, mas não o são. Como exemplo, citamos o caso da mulher que tinha uma hemorragia há muito tempo e que tocou levemente a túnica de Jesus e logo o fluxo de sangue parou. Jesus tinha em torno de Si uma energia intensa de elementos curativos, que era sempre acionada quando necessário. Ele percebeu imediatamente que a energia saía Dele, tanto que perguntou quem o havia tocado. Como eles estavam no meio de uma multidão que os cercava, com todos se esbarrando, os apóstolos estranharam a pergunta, pois não dava para saber, especificamente, quem O havia tocado. Mas Ele sabia que tinha sido um toque diferenciado, no qual sentiu que a virtude curativa saía Dele.[3]

Esta energia de elementos curativos estava sempre aberta em Jesus como um centro vivo de cura para que, quem o tocasse, a recebesse, mas precisaria que quem quisesse se curar tivesse uma sintonia com essa ação. A mente da mulher estava aberta para receber e, com o apoio de seus mentores no plano espiritual, ela alcançou seu objetivo.

Curou a filha de Jairo, uma menina de 12 anos, quando seu es-

---

3 Lucas, 8:46.

pírito, num processo de desdobramento afastou-se do corpo e devido a sua fraqueza e pouca energia vital, teve dificuldade de voltar e se reintegrar ao veículo físico. Ela parecia estar morta, tal a sua aparência e todos já choravam a sua perda. Sabendo de tudo o que acontecia, pois sua mente tem amplo campo de percepção de tudo que O cerca, Jesus entrou na casa e disse:

— Ela dorme!

E chamando a menina, ordenou que seu espírito voltasse, recolocando a quantidade necessária de fluidos vitais para o funcionamento normal do corpo e ela se levantou.

Encontrando-me certa vez com Pedro, ele se lembrou de alguns detalhes da missão que Jesus delegou aos seus discípulos, com estas palavras:

— Proporcionarei a vocês a virtude e o poder sobre os espíritos do mal que influenciam as criaturas, bem como sobre os demônios íntimos que cada alma carrega. Darei capacidade para curarem todas as enfermidades do corpo e da alma. Não levem nada com vocês, nem cajado, alforje, pão, dinheiro e nem duas túnicas, pois tudo isto é considerado supérfluo perante o propósito de suas missões. E em qualquer casa em que entrarem, seja ela uma moradia física ou a casa mental de outro ser, ou em alguma cidade, permaneçam ali enquanto forem úteis. Se não os receberem bem, ao saírem dali, sacudi o pó dos seus pés – livrem-se das impressões negativas que ali estejam – pois elas podem buscar uma sintonia com o passado por onde já andaram na estrada da evolução.

Pedro continuou a contar que saíram, percorreram todas as aldeias, anunciando o Evangelho e fazendo curas por toda parte.

Contou que o Tetrarca Herodes, por ser muito supersticioso, pensava que Jesus era João Batista que voltara dentre os mortos, a quem mandara decapitar, criando com esta crença uma grande polêmica em torno do Mestre, pois alguns acreditavam que Ele era Elias que aparecera ou um dos antigos profetas que ressuscitara.

Relembrou o fenômeno da multiplicação dos pães, no qual Jesus Se utilizou das energias doadas dos apóstolos e de algumas pessoas ao redor para materialização[4] dos alimentos. Confessou emocionado que reagiu de forma negativa e precipitada quando Jesus fez a predição de Sua própria morte, notícia que o fez ligar-se às suas condições inferiores de apego e visão imediatista da vida se revoltando com Sua morte. Relatou que Jesus deixou ensinamentos fundamentais, segundo os quais, para segui-Lo era necessário negar a si mesmo – desvalorizar o próprio ego – e tomar a cada dia sua cruz – empreender a luta pessoal diante dos desafios da existência. Como lição de desprendimento material disse que aquele que quisesse salvar a sua vida – manter os recursos superficiais e transitórios – iria perdê-la; e qualquer um que por amor a Ele perdesse a vida se salvaria no encontro com a própria imortalidade – que representa a natureza espiritual do ser.

João e Pedro falaram da transfiguração, cujo esplendor espiritual mostra a imortalidade do ser diante das fragilidades da vida material; comentaram dos dias em que estiveram na casa de Marta e Maria, as duas irmãs de Lázaro, que ao receberem Jesus em casa, após a cura do irmão, tomaram posturas to-

---

4 A materialização é o fenômeno mediúnico no qual um espírito desencarnado ou um objeto qualquer, não proveniente do mundo físico, torna-se visível e tangível, por meio de um fenômeno mediúnico, usando uma substância semimaterial exalada pelos médiuns de efeitos físicos, chamado ectoplasma. (N.E.)

Samuel Gomes

talmente diferentes. Marta – que representa os sentimentos imediatistas – ficou ansiosa pelas coisas passageiras que a desgastavam emocionalmente, e Maria – que representa os interesses espirituais –, deu testemunho de que somente uma coisa era necessária e representava a boa parte, a que não lhe seria tirada – os valores imperecíveis da vida.

Legou à humanidade a rogativa que nos coloca em contato direto com o Pai[5], e por meio dela ensinou os discípulos a orarem na intimidade de si mesmos, no templo vivo do coração. Para os que buscavam fenômenos extraordinários para desenvolver a sua fé e realizar sua autotransformação, numa atitude de menor esforço, mencionou o sinal de Jonas[6] – que representa o processo reencarnatório – explicando que somente por meio das lutas purificadoras das várias existências, conseguiríamos atingir a posição de Filho do homem. Alertou os apóstolos para que tomassem cuidado com a vaidade e a prepotência dos escribas e fariseus, para que não perdessem a essência do trabalho: a humildade.

Nos tempos em que estivemos próximos, me contaram várias parábolas sobre as riquezas terrenas e celestiais, sobre a vigilância, sobre os sinais dos tempos e muitas outras que eu procurei anotar, dentro de certa cronologia, com carinho e dedicação.

---

5 O Pai Nosso – Lucas, 11:2-4. (N.E.)
6 Mateus, 12:40.

13.
Prisão e crucificação

O Evangelho estava se completando, mas dos fatos que mais me tocaram o coração, foram os que escrevi sobre a prisão e a definição da sentença para que Jesus fosse crucificado, que me narraram da seguinte forma:

— Primeiro surgiu uma conspiração contra Jesus, que se deu perto da festa dos ázimos[1], chamada também de Páscoa, porque os principais dos sacerdotes e os escribas andavam procurando uma forma de O matarem, mas temiam a reação do povo que O adoravam.

A trama se fortaleceu quando Judas Iscariotes, preso às tendências de seu passado no campo do poder e da riqueza, sintonizou-se com os espíritos do plano inferior e permitiu que os doutores da lei o fizessem de isca para prender Jesus.

Ele combinou com os principais sacerdotes e seus capitães como O entregaria, ficando acertado que lhe dariam dinheiro como pagamento da delação. Na verdade, Judas não era mau, mas, na sua imaturidade espiritual e pelo poder político que Jesus podia representar, acreditou que, uma vez entregue aos judeus, Ele Se libertaria e auxiliaria o povo de Israel – pela força e pela espada – assumindo sua governança.

Assim, ele concordou e passou a buscar uma oportunidade para entregar Jesus, sem alvoroço, pensando que Ele tinha poderes suficientes para Se livrar deles no momento da prisão e assumir um novo reino de poder e domínio, no qual Judas seria o responsável pela administração material.

Naquela ocasião, Jesus pediu a Pedro e João para fazerem uma

---

1 De acordo com a tradição judaico-cristã, o pão ázimo foi feito pelos israelitas antes da fuga do Antigo Egito, porque não houve tempo para esperar até a massa fermentar. Hoje em dia é comida obrigatória na festa do Pessach (Páscoa judaica), que também se chama a festa dos pães ázimos. (N.E.)

ceia para comemorarem a Páscoa[2] e preparar uma reunião com os apóstolos.

E em plena ceia, Jesus disse: "Desejei muito comer esta Páscoa com vocês, antes que eu padeça. Porque lhes digo que não a comerei mais, até que ela se cumpra no reino de Deus.".

E pegando o cálice, disse: "Tomem o vinho, como se fosse o meu sangue e o repartam entre vocês porque digo que já não beberão mais do fruto da vida – as verdades de ordem espiritual – por meio da minha influência direta, até que venha o Reino de Deus – que representa o desenvolvimento de vocês como espíritos puros –, pois este vinho representa a essência espiritual que se encontra em cada um.".

Pegando o pão e dado graças, o partiu e lhes deu, dizendo: "Este pão representa meu corpo – o conjunto dos exemplos e verdades que alimentarão a muitos – e que é dado a vocês, repliquem-no em minha memória, para que alcance a todos, seja pelos ensinamentos que agora deixo, bem como a todos os outros que virão complementá-los no amanhã.".

Os apóstolos estavam muito apreensivos com aquelas orientações, um sentimento de profunda tristeza os invadia e eles se indagavam intimamente o que estaria por vir. Depois de alguns minutos de silêncio, Jesus voltou a falar: "Afirmo que um de vocês há de me trair. Será aquele cujas mãos estão comigo à mesa. O Filho do homem tem de ir embora, como foi previsto, mas ai daquele por quem Ele é traído! Bom seria

---

2 A preparação dos pães ázimos era uma pré-cerimônia que durava sete dias. Foi neste período que Jesus comemorou sua Páscoa com os discípulos. (N.E.)

que este homem não houvesse nascido.".

Após estas palavras do Mestre, cada um indagava a si mesmo qual seria o que haveria de traí-Lo.

Simão contou sobre a predição que Jesus fez sobre o fato de que ele O negaria por três vezes, antes que o galo cantasse.

Algumas horas depois, quando Jesus estava orando no monte das Oliveiras, surgiu uma multidão com Judas à frente. Ele foi adiante, chegou até Jesus e o beijou. O beijo era para indicar quem era o Cristo, dentre todos que ali estavam. Foi esse o símbolo da traição, após a qual, ocorreu Sua prisão. Apavorados, todos os apóstolos fugiram.

Acompanhando Jesus de longe, oculto por um manto, Pedro estava cheio de medo de ser preso e julgado também. Ao ser identificado por alguém da multidão, que assistia ao inquérito, como sendo um seguidor do Cristo, ele O negou. Assim que o fez, o galo cantou.

Primeiro, Jesus foi levado perante Pilatos, com as acusações de perversão da nação, alegando que Ele proibiu os judeus de dar o tributo a Cesar e que Ele mesmo se denominava o Cristo, o rei de Israel. Pilatos, lhe perguntou: "Você é o rei dos Judeus?"

Ao que Jesus sabiamente respondeu: "Você é quem o diz.".

Ali, o Messias percebia as limitações de entendimento de que seu reino não estava nas expressões de natureza material, transitórias e vazias e sim, permanecia no coração de todos, inclusive no de Pilatos. Não vendo nada contra Jesus, este o liberou sem condenação. Mas os principais dos sacerdotes insistiram dizendo: "Ele provoca revolta do povo contra Roma influenciando-os por toda a Judeia, começando desde a Galileia até aqui.".

Diante do fato de Jesus ser um Galileu, Pilatos mandou-O para a jurisdição de Herodes.

Depois de maltratá-Lo e desprezá-Lo, zombando Dele, vestindo-O com uma roupa resplandecente como se Ele fosse um rei, Herodes enviou-O novamente a Pilatos.

Não vendo culpa nele, Pilatos propôs castigá-Lo e depois soltá-Lo. Mas naquela época, era costume soltar um criminoso por ocasião da festa da Páscoa, e quando Pilatos deu a opção entre Jesus e Barrabás, o povo, instigado pelos sacerdotes judeus, escolheu este último para ser liberto e pediram que Jesus fosse crucificado.

Paro aqui, por alguns momentos para a recapitulação desses momentos, pois ainda hoje as lembranças fortes me comovem ao rever as dolorosas experiências que Lhe causamos. Estas cenas ficaram para sempre em minhas lembranças.

14.
A crucificação de Jesus

Aqueles fatos me tocavam profundamente o ser. A narrativa da prisão de Jesus nos sensibilizava profundamente. Espiritualmente falando, o ocorrido se refere ao maior crime cometido na Terra, no qual um Ser inocente e puro foi sacrificado pela ignorância e maldade humanas, sendo que o único objetivo que Ele teve, e ainda tem, é o de nos ensinar a amar.

Após o decreto da crucificação, as autoridades fizeram com que Ele carregasse uma cruz[1] e esse fato representaria, por todos os tempos, as lutas sacrificiais que teríamos que travar com os interesses do nosso egoísmo, que precisamos superar por amor e fidelidade a Deus.

Já a caminho da crucificação, em determinado momento, Jesus cai ao chão sob o peso da cruz e os soldados romanos chamam um homem que estava por ali, certo Simão, que era de Cirene e acabara de chegar do campo, e colocaram a cruz nas suas costas para que a levasse, caminhando após Jesus, indicando este gesto, para o futuro, que a cooperação entre os seres é importante em todas as circunstâncias. Esta ação de Simão representaria o apoio que podemos dar a todos os que, mesmo sendo espíritos superiores, podem precisar no momento de suas lutas, pois a lei de cooperação é fundamento da vida. Simão foi chamado para ajudar Jesus pela oportunidade de auxiliar no bem, quando Ele estava dando seu testemunho, mesmo estando em uma posição evolutiva inferior.

Uma grande multidão seguia aquele suplício e dela se destacavam as mulheres, as únicas que não O abandonaram – Maria, sua mãe, Maria de Magdala, Joana de Cusa, Maria de Cléofas,

---

1 Jesus foi considerado um malfeitor pelas autoridades e existia o costume entre os romanos de crucificarem os rebeldes contra o domínio de Roma, para servir de exemplo. Seus corpos eram deixados na cruz para que o povo, que eram contra os romanos, visse o que o esperava. (N.E.)

Suzana, tia de Jesus, Maria Salomé, esposa de Zebedeu, e tantas outras –, que batiam no peito pela dor que sentiam e lamentavam Seu sofrimento.

Ao percebê-las, Jesus voltou-Se para elas e disse:

— Filhas de Jerusalém, não chorem por mim, mas sim por vocês e por seus filhos.

Com esta advertência, o Mestre queria ensinar que os nossos filhos são as consequências de todas as nossas escolhas, que têm por base os padrões emocionais ainda baseados na inconsciência das verdades espirituais que, quando atingidas, não determinam mais os frutos nascidos desse modo inadequado de viver.

Dois malfeitores foram conduzidos com Jesus, um à direita e outro à esquerda, para serem crucificados com Ele no lugar chamado Caveira. Esses malfeitores tiveram a oportunidade de estar do lado da verdade em momentos de lutas cruciais, abrindo uma porta para suas possibilidades futuras de soerguimento. Ali estavam por delitos de graus diferentes, sendo que um era espirito capelino e o outro um terreno. Com esse fato, ficou definitivamente demonstrado que Jesus, como governador da Terra, vinha para o soerguimento espiritual de todos, sem distinção.

Já na cruz, ao lançar um olhar sobre a multidão, de cima do monte, Jesus diz:

— Pai, perdoa-lhes, porque não sabem o que fazem.

Muitos dos que estavam ali faziam zombarias, principalmente, os príncipes dos sacerdotes que o desafiavam dizendo:

— Já que salvou a tantos outros, salva a Si mesmo se realmente é o Cristo, o escolhido de Deus.

Os soldados também O provocavam, chegando até Ele e dando vinagre ao invés de água para matar Sua sede, dizendo:

— Se você é o Rei dos Judeus, salve-Se!

Falavam assim porque uma placa tinha sido colocada por eles no alto da Sua cruz onde estava escrita em letras gregas, romanas e hebraicas a frase: "Este é o Rei dos Judeus".

Muitos outros fatos ocorreram no momento da crucificação, mas o que se destacou foi o de que se deu na hora sexta[2], pois houve grandes trevas em toda a Terra até a hora nona, escurecendo-se totalmente o sol. E rasgou ao meio o véu do templo — abertura evolutiva para a ação do plano espiritual que estava acontecendo para a humanidade terrestre, que demarcaria para sempre a fé humana em antes e depois do Jesus.

E, clamando Jesus com grande voz, disse:

— Pai, entrego o meu espírito nas Tuas mãos.

E dizendo isto, expirou.

Um centurião romano que comandava aqueles acontecimentos dolorosos, disse:

— Na verdade, Este homem era justo.

---

2 No contexto judaico as horas são contadas tendo como ponto de partida o nascer do sol, ou seja, das 6 da manhã até às 18 horas. As 12 horas são divididas em 4 horas principais, com intervalos de 3 horas cada, sendo estabelecidas assim: Primeira (6 horas), Terceira (9 horas), Sexta (12 horas), Nona (15 horas). (N.E.)

15.
A ressurreição de Jesus

Aproximando-me do término da escrita do Evangelho, poderia agora seguir o conselho de Paulo que me recomendara dar continuidade ao trabalho, registrando os acontecimentos e a vida dos apóstolos após a crucificação de Jesus.

Antes, porém, os apóstolos quiseram finalizar o Evangelho falando dos dias que se seguiram à crucificação.

Logo após a morte de Jesus, José, nascido em Arimateia, cidade dos judeus, senador, homem de bem e justo, que aguardava a implantação do reino de Deus e que não apoiou o julgamento e a sentença a respeito do Messias, pediu a Pilatos uma autorização para retirar o corpo de Jesus da cruz para enterrá-lo com dignidade – José não reencarnou com a programação de sepultar o corpo do Cristo, pois era um fato que iria acontecer de qualquer jeito, mas foi usado para promovê-lo. E havendo tirado, o envolveu num lençol e o pôs num sepulcro escavado na pedra, onde ninguém ainda havia sido sepultado. Era o dia da preparação[1], e amanhecia o sábado.

Maria Madalena, Joana e Maria, mãe de Tiago, e outras que com elas estavam, foram ao sepulcro na madrugada do dia seguinte, domingo, levando as especiarias, os óleos e os unguentos[2] que tinham preparado, e acharam aberta a grande pedra que o lacrava, sem o corpo de Jesus lá dentro. Esse fato veio mostrar à humanidade a transitoriedade da morte diante a imortalidade do ser.

E, entrando no sepulcro, eis que pararam junto delas dois homens, com vestes resplandecentes, que lhes perguntaram:

---

1 O dia anterior à Páscoa. Recebeu esse nome pelo fato de serem feitos muitos preparativos para a festa.
2 Naquela época era costume preparar o corpo para o sepultamento passando aromas e óleos perfumados.

– Por que buscam entre os mortos Aquele que vive? Ele não está aqui, mas ressuscitou, dando testemunho da realidade da existência do espírito.

E voltando de lá, se lembraram das palavras de Jesus[3] sobre aqueles fatos e da ressurreição e procuraram os onze[4] apóstolos e aos demais para anunciar todas essas coisas, mas para eles suas palavras pareciam como que delírios e não acreditaram nelas, principalmente pelo fato de acreditarem que, se tal fato ocorresse realmente, eles seriam os merecedores de ver Jesus primeiro.

Pedro, porém, correu ao sepulcro e viu só os lençóis que envolviam o corpo, deixados ali. Retirou-se admirado daquele fato.

Naquele mesmo dia, iam dois dos discípulos para uma aldeia chamada Emaús que distava de Jerusalém sessenta estádios[5], falando entre si de tudo o que havia sucedido com Jesus. O Mestre se aproximou, com uma forma física diferente, mas com as mesmas condições espirituais de elevação e doçura, e ia com eles pelo caminho. Mas os olhos deles estavam como que fechados, para que não O reconhecessem – permaneciam tão presos e preocupados com o ocorrido que não perceberam a presença de Jesus pela qualidade moral e espiritual Dele. O

---

3 Mateus, 16:21 - Desde então começou Jesus a mostrar aos seus discípulos que convinha ir a Jerusalém, e padecer muitas coisas dos anciãos, e dos principais dos sacerdotes, e dos escribas, e ser morto, e ressuscitar ao terceiro dia.

4 Mateus, 27:3-5 - "Então Judas, que o traíra, vendo que fora condenado, trouxe, arrependido, as trinta moedas de prata aos príncipes dos sacerdotes e aos anciãos, dizendo: Pequei, traindo o sangue inocente. Eles, porém, disseram: Que nos importa? Isso é contigo. E ele, atirando para o templo as moedas de prata, retirou-se e foi-se enforcar."

5 O estádio (em latim: *stadium*) era uma unidade de medida de comprimento usada na Grécia Clássica. O padrão desta medida era a pista de corrida de Olímpia, onde era disputada a prova do estádio. O estádio olímpico media 600 pés de Hércules e, como Hércules era de estatura maior que os outros homens, 600 de seus pés correspondiam a 625 pés romanos. (N.E.)

fato faz referência de que estamos mais presos aos aspectos teóricos e superficiais do que à essência e à profundidade das coisas e dos seres.

No caminho, Ele lhes disse:

— Que palavras são essas que vocês trocam enquanto caminham e por que estão tristes?

E um deles, cujo nome era Cléopas, respondeu:

— Você é um peregrino em Jerusalém, e não sabe as coisas que nela têm se sucedido nestes dias?

E contou-Lhe a respeito de Jesus, o Nazareno, de como fora condenado à morte na cruz pelos príncipes e principais sacerdotes, e da visão das mulheres sobre Sua ressurreição anunciada pela voz dos anjos.

Foi quando Ele disse:

— Oh, ignorantes e tardos de coração para crer no que os profetas disseram! Por ventura não convinha que o Cristo padecesse estas coisas e entrasse na Sua glória? Não é mais importante a mensagem que fala do ser imortal do que as grandezas dos homens em sua pequenez?

Jesus continuou caminhando e mais trade, estando junto deles à mesa, tomou o pão, o abençoou, o partiu e lhes deu. Neste momento seus olhos se abriram e eles o reconheceram — perderam os fluidos densos das preocupações e lembranças mentais dolorosas que os insensibilizavam, e com a tranquilidade íntima se amplia a visão e percebem o fato. Logo depois Jesus desaparece.

Voltaram eles então para Jerusalém, acharam os onze congregados e lhes disseram que Ele tinha ressuscitado verdadeiramente. Foi aí que Jesus apareceu no meio deles, dizendo:

– A paz seja convosco!

Eles se espantaram e temeram, pensando que viam algum espírito. E Ele disse:

– Por que estão perturbados e por que têm tais pensamentos em seus corações?

Então, mostrou-lhes as mãos para que apalpassem[6], indicando ser Ele mesmo, para que se cumprisse tudo o que tinha escrito na lei de Moisés, nos profetas e nos Salmos.

Nessa ocasião, Jesus lhes ensinou muitas coisas referentes à imortalidade[7] da alma, ficando com eles[8] – por meio de um efeito ectoplasmático do corpo espiritual materializado ao máximo, para que pudessem percebê-Lo – até que retornou aos planos superiores da vida.

Com essas informações terminei o Evangelho, como o livro que contém a expressão espiritual mais elevada da Terra em favor de todos nós.

---

6 Jesus apresentou-se com o seu corpo espiritual materializado ao máximo, para que pudessem percebê-Lo.
7 Boa Nova – Capítulo 29.
8 Atos, 1:3 - "Aos quais também, depois de ter padecido, se apresentou vivo, com muitas e infalíveis provas, sendo visto por eles por espaço de quarenta dias, e falando das coisas concernentes ao reino de Deus."

Terceira parte

1.
Introdução aos atos dos apóstolos

Escrevia agora sobre os acontecimentos que envolviam a prática das verdades estabelecidas por Jesus e que ficara nas mãos dos apóstolos e discípulos. Eles tinham a missão de desenvolver e fazer crescer Seus ensinamentos. As lutas não eram pequenas, já que o cerco se fechava cada vez mais para o Cristianismo nascente, principalmente na tentativa de anular seus principais divulgadores.

Logo após Jesus ter Se apresentado vivo, quarenta dias depois da Sua morte, com muitos e infalíveis testemunhos, Ele provou a imortalidade da alma.

Falou que o batismo dado por João representa o processo de crescimento humano pelas reencarnações e que o batismo pelo Espírito Santo é o mergulho que deveriam fazer, por meio do autoconhecimento, na identificação da natureza do espírito.

Sobre as transformações que estavam por vir, eles perguntaram:

— O Senhor restaurará, neste tempo, o reino de Israel?

— Como podem compreender, esse reino ainda não é desse mundo, e é bom que vocês não se preocupem com datas e acontecimentos futuros, pois não lhes pertence saber os ciclos de evolução que o Pai estabeleceu pelo próprio poder de Sua sabedoria. O reino de amor que há de vir se estabelecerá em cada ser, no mundo interior.

Hoje, receberão a virtude do Espírito Santo para abrir a sensibilidade mediúnica de cada um. Por meio dela as mentes do mundo espiritual virão até vocês, abrindo os horizontes da percepção, além da matéria, para a qual os homens da atualidade não estão preparados. Quando os homens estiverem mais capacitados para entender este fenômeno ele será generalizado, indicando que a Terra se tornará um mundo espiritualizado.

Silenciando, Jesus se elevou às alturas, volitando diante de seus olhos e uma nuvem O recebeu, representando uma comitiva de espíritos superiores identificado como sendo o Espírito Santo, que O ocultaram aos olhos dos apóstolos. Ele voltava à Sua real moradia, o Universo, legando exemplos vivos da natureza do espírito, sua imortalidade e os recursos que essa realidade proporcionaria à vida humana. Em Seu lugar deixava o grupo do Espírito Santo que permanecia influenciando-os e ampliando os recursos de evolução para toda a humanidade, conduzindo-a à espiritualidade do ser, sob Sua supervisão.

Eles ainda tinham os olhos fixos no céu quando, junto deles, apareceram dois espíritos na forma humana, vestidos de branco, que perguntaram:

— Galileus, por que olham para o céu? Jesus, que lá foi recebido, há de vir assim como O viram ir, só que não fisicamente dessa vez, mas influenciando-os no campo íntimo, na ascensão de vocês à condição de espíritos puros, despertando o cristo que habita em cada um.

Saindo dali foram a Jerusalém para o trabalho de fundamentação do Evangelho, sob a influência e o amparo do Espírito Santo.

E reunidos todos eles, apóstolos, discípulos, Maria, mãe de Jesus, seus irmãos e as mulheres que apoiavam e sustentavam a causa, perseveraram em oração suplicando para que aquela comunhão pudesse ocorrer.

Nestas circunstâncias, Pedro vê a necessidade de substituir Judas Iscariotis no grupo dos apóstolos e relembrou que a traição de Judas fora prevista nas escrituras de Davi. Antes de se matar, Judas jogou as moedas da traição em um campo e os sacerdotes, depois da crucificação, percebendo que aquele dinheiro era amaldiçoado, compraram com ele aquele mesmo campo que passou a ser chamado por Aceldama, isto é, Campo de Sangue, dando confirmação de um dos salmos.

Podemos refletir que esta ação de Judas se encontra expressa em nós, representando a traição que constantemente realizamos quando, ao invés de optar pelo bem, escolhemos o mal; ao invés da verdade, a mentira; e todas as outras escolhas infelizes que fazemos, colocando-nos em oposição à natureza divina do nosso espírito.

De comum acordo entre todos os apóstolos e, sob inspiração dos mentores espirituais, eles escolheram a Matias[1] para compor o grupo.

Assim, os acontecimentos seguiam seu rumo.

---

1 Matias havia sido seguidor de Jesus durante os três anos e meio do seu ministério e havia estado intimamente associado com os apóstolos. Provavelmente era um dos setenta discípulos ou evangelistas que Jesus enviou para pregar. (N.E.)

2.
O dia de pentecostes

Chegara o dia de Pentecostes[1] e judeus de vários locais vieram a Jerusalém para sua celebração. Os apóstolos se encontravam no mesmo lugar em que costumavam se reunir com Jesus quando, de repente, vem do céu um ruído e forte vento que entra pela casa. Simbolicamente, era como se barreiras íntimas se rompessem para que a presença espiritual pudesse se fazer presente, na expressão de um vento impetuoso que expressava a força do espírito, sopro divino da vida, sobre as impressões da carne.

Registrou-se a presença de muitos espíritos e sobre eles surgiram línguas de fogo que se distribuíam sobre a cabeça de cada um, e todos ficaram cheios de Espírito Santo. Tendo a capacidade mediúnica destravada e ampliada falavam em outros idiomas, conforme o espírito consentia que falassem, em verdadeiro processo de xenoglossia[2] coletiva. Todos que estavam em Jerusalém ouviram o grande ruído que antecedeu o fenômeno e a multidão se ajuntou confusa ao redor dos apóstolos, e cada um ouvia a mensagem vinda dos céus falada em seu próprio idioma – num verdadeiro processo de mediunidade coletiva. Pentecostes, no fundo, representa a abertura das consciências para o contato com os planos mais altos.

O espanto era grande, pois estavam ali os pardos, os medos e elamitas, os que habitam a Mesopotâmia, a Judeia, a Capadócia, o Ponto, a Ásia, a Frigia, a Panfília, o Egito, as partes da Líbia próxima, a Cirene, os forasteiros romanos, os judeus com seus

---

1 Pentecostes é histórica e simbolicamente ligado ao festival judaico da colheita, que comemora a entrega dos Dez Mandamentos no Monte Sinai, cinquenta dias depois do Êxodo. Depois da ressurreição de Jesus, Pentecostes é uma das celebrações mais importantes do calendário cristão e comemora a descida do Espírito Santo sobre os apóstolos de Jesus Cristo e sobre Maria, sua mãe. (N.E.)

2 Xenoglossia — ou mediunidade poliglota — é a faculdade pela qual o médium se expressa, oral ou graficamente, por meio de idioma que não conhece na atual encarnação. (N.E.)

seguidores, os cretenses e árabes, e todos ouviram os ensinos sobre as grandezas de Deus na própria língua. E eles, perplexos, pensavam admirados, dizendo uns para com os outros:

— Pois quê! São galileus todos esses que estão falando? E falam na própria língua em que nascemos? Que quer dizer isto?

E alguns, procurando encobrir a própria confusão íntima, zombavam, falando:

— Estes hebreus ignorantes estão cheios de mosto[3], alcoolizados.

Foi então que Pedro se levantou e os esclareceu, lembrando-os da profecia de Joel[4] que diz:

— E acontecerá nos últimos dias que derramarei o Meu espírito sobre toda a carne para que o despertamento das faculdades espirituais se faça, e os seus filhos e filhas — os capelinos e no futuro os homens da Terra — terão sua mediunidade desenvolvida, abrindo os caminhos para o futuro das comunicações entre os dois planos da vida; os jovens terão visões, num processo de clarividência que lhes proporcionará claridade interior para o amadurecimento diante da vida; os anciãos terão sonhos em que se ampliará o entendimento sobre a realidade do espírito imortal. Sobre os servos e servas — todos os que assumem o papel de servir ao bem do próximo — derramarei o meu espírito e eles também profetizarão, para que saiam das condições mais limitadas de entendimento para o crescimento da

---

3 Mosto é toda mistura açucarada destinada à fermentação alcoólica. Em vinicultura, o termo é usado para referir-se ao sumo de uvas frescas, utilizado antes do processo de fermentação. (N.E.)

4 Joel, 2:28-29 - "E há de ser que, depois derramarei o meu Espírito sobre toda a carne, e vossos filhos e vossas filhas profetizarão, os vossos velhos terão sonhos, os vossos jovens terão visões. E também sobre os servos e sobre as servas naqueles dias derramarei o meu Espírito."

Samuel Gomes

inteligência.

E mostrarei os prodígios dos céus – fenômenos espirituais que ultrapassam as leis conhecidas da matéria e utilizam as forças da natureza.

E virão sinais em baixo da Terra, que representam uma abertura significativa das ações dos espíritos inferiores junto aos homens na ampliação dos processos obsessivos.

Haverão fenômenos ligados ao sangue – manipulação dos fluidos vitais da vida com finalidade de cura –, fenômenos ligados ao fogo – força transformadora do conhecimento superior –, e fenômenos ligados ao vapor – referindo-se à claridade do que até então era invisível aos sentidos.

O sol de nossas vidas, Jesus, se afastará presencialmente de nós como influência luminosa para que a nossa luz brilhe por mérito próprio, e esse afastamento, criará uma sensação de sombras e se converterá em trevas. E a luz – nosso desenvolvimento interior – se fará em sangue – será adquirido nas experiências reencarnatórias da matéria – antes que venha o grande e glorioso dia do Senhor – a regeneração de todos os espíritos da Terra. E acontecerá que todo aquele que invocar o nome do Senhor – que representa a capacidade de viver em espírito – será salvo.

Pedro continuou a falar, esclarecendo que Jesus é a personificação dessa realidade em sua maior pureza; falou de Sua nobreza espiritual e de como foi entregue à crucificação pela maldade humana; narrou a Sua ressurreição, na qual Ele rompe os grilhões da morte; e outros fatos significativos. Contou sobre Davi – rei e profeta respeitado por todos os judeus – que previu a ressurreição do Cristo, que, na verdade, deverá acontecer dentro de cada um, no futuro.

Diante dos esclarecimentos dados por Pedro, muitos queriam saber o que fazer. O apóstolo aconselhou:

— Arrependam-se para que cada um seja batizado em nome de Jesus Cristo, que os orientará na remissão dos pecados e ajudará para que recebam a influência do Espírito Santo abertura da mente para a realidade da vida espiritual –, diante da promessa feita.

Ali estavam agregadas quase três mil almas – encarnadas e desencarnadas – em união, auxiliando nos trabalhos uns dos outros.

Samuel Gomes

3.
A cura de um homem coxo

Todos receberam informações da doutrina de Jesus ampliada pelos dons mediúnicos dos apóstolos, na comunhão de valores, no repartir do pão espiritual e nas orações. E em cada alma havia temor diante do amplo intercâmbio com o plano maior, nos quais muitos fenômenos espirituais eram feitos pelos apóstolos. Todos os que acreditavam nos ensinos do Mestre estavam unidos e tinham muito em comum.

Alguns, observando a disparidade de recursos, vendiam algumas propriedades e bens e os repartiam por todos, segundo a necessidade de cada um. Mantinham-se em estudo constante na casa que Pedro – verdadeiro templo de auxílio aos sofredores – que os recebia como irmãos de fé, repartindo o pão do Evangelho entre todos que se nutriam com a sua alegria e simplicidade de coração, o que O colocava na graça de todo o povo. E, com os que iam sendo salvos, aumentava o número de seguidores do Senhor a cada dia.

Com frequência, Pedro e João subiam ao templo de Jerusalém, à hora da oração. Certo dia, estando eles junto a uma das portas do templo, a Porta Formosa, um homem coxo de nascença – deficiência esta fruto das limitações cármicas do passado – era carregado todos os dias e colocado ali para pedir esmolas aos que entravam. Vendo ele a Pedro e a João que iam entrando no templo, pediu que lhe dessem uma esmola. Pedro, colocando os olhos nele pediu para que o olhasse diretamente. Ele o olhava atentamente, esperando receber alguma coisa. Após alguns momentos, Pedro diz:

— Não tenho prata nem ouro, mas o que tenho, a nascer de meu coração, eu lhe dou. Em nome de Jesus Cristo, o nazareno, quero que você ande.

E tomando-o pela mão direita o levantou, e naquele toque trocava com ele fluidos benéficos e curadores, sob o amparo do plano espiritual. Imediatamente os seus pés se firmaram e ele ficou de pé. Começou a andar vagarosamente e entrou com eles no templo louvando a Deus. Todo o povo que ali estava ao vê-lo andar e louvar a Deus, reconhecia nele aquele que ficava sentado a pedir esmola à porta do templo e ficaram cheios de assombro. Apegando-se o homem a Pedro e a João, todo o povo correu para junto deles, para o Pórtico de Salomão, outra porta do Templo.

Pedro, vendo isto, disse ao povo:

— Homens de Israel, por que vocês se admiram do que aconteceu com este homem? Por que vocês o olham como se fôssemos nós, com o nosso próprio poder ou piedade, que o fizemos andar? O Deus de Abraão glorificou a Seu servo Jesus, a quem vocês negaram e entregaram a Pilatos quando este havia resolvido soltá-Lo. Vocês negaram o Santo e Justo, e pediram que um homicida fosse solto em Seu lugar; mataram o Autor da vida da nossa casa sideral, a quem Deus ressuscitou dentre os mortos para mostrar a realidade imortal dos seres, fato do qual nós somos testemunhas.

E pela fé em Seu nome e sob a Sua verdade fez-se o amparo de mãos invisíveis, que não podem perceber, mas que fortaleceram o corpo deste homem que todos conhecem e pela fé, que vem por Ele, deu a este a perfeita saúde.

Eu sei que tudo o que fizeram foi por ignorância, como assim também o fizeram as nossas autoridades. Tudo isto aconteceu para que se cumprisse a profecia de que o seu Cristo havia de padecer. Mas agora, eu os chamo ao arrependimento para que sejam apagados os seus pecados, por meio da redenção de seus espíritos no serviço do bem, que trará o alívio e a leveza da consciência pelo dever cumprido. A essência espiritual do ser tem em Jesus o exemplo vivo. Ele é nossa referência e deveremos desenvolver a mesma condição de espírito puro na nossa caminhada evolutiva.

4.
As lutas contra o evangelho

No início das atividades, os apóstolos e Paulo encontraram muitas dificuldades, mas a perseverança em divulgar a mensagem de Jesus era muito grande em todos os corações.

Certo dia, em Jerusalém, enquanto eles falavam ao povo e curavam doentes, foram abordados por sacerdotes, o capitão do templo e os saduceus que estavam incomodados por eles ensinarem as verdades espirituais ao povo e anunciar a ressurreição de Jesus dentre os mortos. Assim, usando a autoridade que tinham, os prenderam até o dia seguinte, junto com o que fora curado, pois a tarde já se findava. Muitos dos que ouviram a pregação daquele dia acreditaram nos apóstolos e com esta adesão se elevou o número dos cristãos a quase cinco mil.

No dia seguinte, reuniram-se as autoridades para o julgamento e entre eles estava Anás, o sumo sacerdote, Caifás[1], João, Alexandre[2], e todos quantos eram da linhagem do sumo sacerdote e, pondo os apóstolos no meio deles, perguntaram:

— Com que poder ou em nome de quem vocês curam e pregam tais ensinamentos?

Pedro, influenciado pelos espíritos esclarecidos, lhes disse:

— Que seja do conhecimento de todos vocês e de todo o povo de Israel que é em nome de Jesus Cristo, o nazareno, Aquele que vocês crucificaram e a quem Deus ressuscitou dentre os mortos. Sob a influência de Seu poder que aqui está este enfermo, perfeitamente curado diante de vocês.

---

1 Sumo Sacerdote judaico, apontado pelos romanos para o cargo, e que participou do julgamento de Jesus no Sinédrio. (N.E.)
2 Supõe-se que João era filho de Anás, e Alexandre era um homem de destaque naquele tempo, segundo o historiador Flávio Josefo, um historiador e apologista judaico-romano. (N.E.)

Jesus é a pedra que foi rejeitada por vocês, os edificadores da religião para o povo, a qual foi posta como pedra angular na construção das verdades até aqui sustentadas pelos profetas. E em nenhum outro caminho é possível a salvação a não ser pela vertente da realidade espiritual; porque levando em consideração os padrões da pureza espiritual, nenhum outro Ser há, dentre todos os espíritos superiores que pisaram no planeta, por quem devamos ser salvos da realidade ilusória da matéria.

Vendo a coragem de Pedro e João e tendo percebido que eram homens simples e sem educação formal, eles se admiraram de suas palavras e atos e reconheciam que eles haviam estado com Jesus e que forças ocultas deveriam atuar neles. Vendo o homem que fora curado de pé, não tinham mais nada o que dizer em contrário. Todavia, mandando-os sair do sinédrio, conferenciaram entre si:

— Que faremos com estes homens? Porque está evidente a todos que por eles foi feito um sinal público de forças espirituais e não o podemos negar. Mas, para que não se divulgue mais estes fatos entre o povo, vamos ameaçá-los para que, de agora em diante, não falem mais em nome deste Messias a homem algum.

E, chamando-os, ordenaram-lhes que não falassem nem ensinassem absolutamente a ninguém em nome de Jesus. Mas, Pedro e João, respondendo, lhes disseram:

— Vocês acham justo nós obedecermos a vocês e não a Deus e seus propósitos elevados? Pois nós não podemos deixar de falar das coisas que temos visto e ouvido.

Eles ficaram mais revoltados ainda e os ameaçaram com mais energia. Não achando motivo para castigá-los, os soltaram por causa do povo, pois todos glorificavam a Deus pelo que acontecera, principalmente porque o homem em quem se operara esta cura milagrosa tinha mais de quarenta anos e era conhecido por todos.

Ao serem soltos, se encontraram com os apóstolos e demais discípulos e contaram tudo o que os principais sacerdotes e os anciãos lhes haviam dito. Ao ouvirem os relatos, levantaram juntos a voz à Deus:

— Ó Senhor, que fez a Terra e tudo o que nela há, olha para as ameaças que recebemos e concede-nos a coragem para falar a Sua palavra com a inspiração dos espíritos sob seu comando. Estenda Sua mão sobre nós para nos dar poder para curar e fazer sinais e prodígios em nome de Teu santo Servo, Jesus.

Após a oração, o lugar em que estavam reunidos tremeu sob o impacto de fluidos materializados e todos ficaram sob a influência direta de espíritos elevados. A partir daí, anunciavam com intrepidez a palavra de Deus, esclarecendo sobre a realidade do ser imortal.

Com grande poder nascido das mentes extracorpóreas, os apóstolos davam testemunho da ressurreição de Jesus e em todos eles havia abundante graça. Não havia entre eles nenhum necessitado, porque todos os que possuíam bens – como um só o coração e uma só alma – vendendo-os, traziam o dinheiro da venda e o depositavam nas mãos dos apóstolos para que pudessem manter os primeiros trabalhos do novo ideal, no qual se repartiam os recursos a qualquer um que precisasse. A Casa do Caminho recebeu um grande incentivo quando José, chamado pelos apóstolos de Barnabé – que quer dizer, filho de consolação – vendeu um campo e trouxe o dinheiro da venda. Com a multiplicação dos recursos, começava a crescer o número de discípulos do Senhor.

5.
O movimento de oposição ao evangelho

Ananias[1] e sua mulher Safira, cujas condições de saúde eram bastante precárias, eram membros da igreja de Jerusalém. Num primeiro momento de entusiasmo causado pelas mensagens e mudanças de vida que estavam sentindo, decidiram vender uma propriedade para doar os recursos ao movimento nascente. Ananias, porém, pegou uma parte do valor da venda e o guardou para si, atendendo a um sentimento de apego. Sua mulher, em conivência com ele e possuindo as mesmas disposições íntimas, o apoiou.

Pedro, ao receber o valor e inspirado por um espírito superior que buscava auxiliar aquele homem a entender o significado do desprendimento, disse inesperadamente:

— Ananias, seguindo os impulsos do seu interesse pessoal e entregando-se ao medo com relação ao futuro você pretende mentir para os espíritos ocultando que reteve parte do preço do terreno vendido. Enquanto você possuía o bem, não era ele integralmente teu? Não foi decisão sua passar o valor dele para a causa? Não estava você com o dinheiro em seu poder para fazer o que quisesse? A questão é o sentimento e os pensamentos que dominaram seu ser nestas circunstâncias. Você não mentiu aos homens, mas sim a Deus.

Ananias, ouvindo estas palavras, sentiu um ataque de mal-estar súbito e intenso, e estando ele já muito doente, não resistiu ao poderoso sentimento de pesar, caindo e morrendo ali mesmo. Grande temor veio sobre todos os que souberam disso, pois acreditavam que o fato era obra dos poderes divinos. Esse movimento distorcido da verdade era fruto da imaturidade do povo. Atendendo a um pedido de Pedro os mais jovens levaram o corpo e o sepultaram, por caridade.

---

1 Atos, 5:1-5. Este Ananias não é o Ananias de Damasco, discípulo de Jesus e companheiro de Paulo de Tarso em suas viagens de divulgação do Evangelho.

Depois de um intervalo de três horas, aproximadamente, chegou também sua mulher, Safira, sem saber o que havia acontecido. O espírito que intuíra Pedro a conscientizar Ananias, sabendo que ela já estava preste a desencarnar e querendo também auxiliar o seu posicionamento íntimo, induziu Pedro a perguntar:

— Diga-me, vocês venderam aquele terreno pelo valor que me foi entregue?

— Sim, exatamente por aquele valor.

— Por que você testa o Espírito do Senhor, que é a verdade, única postura que precisamos abraçar em nossas vidas? Eis que está aí, à porta, aqueles que acabaram de sepultar o teu marido que não sobreviveu ao impacto da verdade. Terá você condições de tomar contato com ela?

Sentindo um estado semelhante ao do marido e já bastante idosa ela caiu e expirou. Os jovens a levaram para ser sepultada ao lado do marido. Sobreveio grande temor a todos os que ouviram falar sobre estas coisas. O espírito que orientava Pedro intuiu-o para que não temesse e que esses fatos iriam mostrar que todos os que ali entrassem, deviam ser sinceros com o Senhor.

Muitos fenômenos mediúnicos comprovando as realidades espirituais eram feitos entre o povo pelas mãos dos apóstolos. Aqueles os tinham em grande estima, a ponto de transportarem seus enfermos para as ruas e colocarem em leitos e macas, para que a sombra de Pedro ao passar sobre eles os curasse, pois sabiam que forças superiores e ocultas atuavam sobre o apóstolo. Das cidades circunvizinhas também afluía muita gente a Jerusalém, conduzindo enfermos e atormentados por espíritos imundos, os quais eram todos curados.

O sumo sacerdote e todos os da seita dos saduceus encheram-se de inveja e prenderam novamente os apóstolos. Mas de noite, um espírito se corporificou usando das energias deles, que eram médiuns de materialização, abriu as portas das celas e tirando-os para fora, disse:

— Vão e se apresentem no templo, falem ao povo sobre a realidade do mundo espiritual e da ação dos espíritos em suas vidas, dos quais vocês são instrumento.

Ora, tendo eles ouvido isto, entraram de manhã cedo no templo e começaram a ensinar.

Ainda também pela manhã, o sumo sacerdote convocou o Sinédrio, com todos os juízes dos Filhos de Israel, e enviaram guardas ao cárcere para trazer os apóstolos a julgamento. Mas os guardas voltaram e anunciaram:

— Achamos o cárcere fechado com toda a segurança e as sentinelas em pé, montando guarda às portas que conduzem a ele, mas ao abrir as celas não achamos ninguém dentro.

Quando o capitão do templo e os principais sacerdotes ouviram estas palavras ficaram perplexos, sem entender o que viria a ser isso. Então chegou alguém e lhes anunciou:

— Os homens que vocês colocaram na prisão estão no templo, a ensinar o povo.

O capitão foi ao templo com os guardas e trouxe os prisioneiros de volta, não com violência, porque temia ser apedrejados pelo povo que os seguia, e os apresentou novamente ao Sinédrio. O sumo sacerdote abordou:

— Nós os advertimos expressamente para que não pregassem no nome desse Messias. Vocês enchem Jerusalém com essa doutrina e querem lançar sobre nós o sangue do homem que a representa, o que nos perderá a todos.

Inspirado pela presença dos amigos do plano maior, Pedro disse:

— Antes nos importa obedecer a Deus que aos homens. Deus, com a Sua mão, O elevou a Príncipe e Salvador por toda a imortalidade para dar a Israel o arrependimento e a remissão de seus pecados. Nós somos testemunhas destas coisas e bem operamos sobre o poder do Espírito Santo, que Deus deu àqueles que Lhe obedecem.

Ao ouvirem esta resposta, todos se enfureceram e queriam matá-los. Mas levantando-se do Sinédrio certo fariseu ancião, chamado Gamaliel, doutor da lei[2] acatado por todo o povo e seus companheiros, mandou que, por algum tempo, saíssem da sala os apóstolos. Logo após, prosseguiu:

— Tenham cautela a respeito do que estão para fazer a estes homens. Deixem-os ir porque esta doutrina e sua obra, caso sejam dos homens, se desfará, mas se forem de Deus, não podereis derrotá-los. Tenham cuidado para que vocês não sejam, porventura, achados combatendo contra Deus. Não façamos nada contra eles e deixem que com o tempo, não tendo essa doutrina força em si, ela se acabe e eles também.

No fundo, Gamaliel ficou impressionado com a atitude daqueles homens e percebia que ali estava o princípio de uma grande mudança no seio de sua religião que ele, já na fase final de sua

---

2 Os doutores da lei eram os homens cultos que pertenciam à classe que fazia o estudo profissional da lei de Moisés. O seu trabalho abrangia o desenvolvimento teórico da lei. Eles criaram a chamada Tradição dos Anciãos, um conjunto de orientações baseadas nas revelações dos antigos juízes e profetas de Israel. (N.E.)

vida, não teria forças para acompanhar-lhe o crescimento.

Concordaram, pois, com ele, e chamando os apóstolos, os açoitaram, mandaram que não falassem em nome de Jesus e os soltaram. Eles se retiraram felizes por terem sido julgados dignos de sofrer afronta pelo nome de Jesus. E todos os dias, no templo e de casa em casa, não cessavam de ensinar e de anunciar a Jesus, o Cristo de Deus.

6.
Estêvão

O trabalho de auxílio crescia, e o número de enfermos também, exigindo mais daqueles que se entregavam ao serviço, restando uma menor cota de tempo para as pregações do Evangelho. Os doze apóstolos, convocando os discípulos, alertaram:

— Não é razoável que deixemos de divulgar a palavra de Deus e sirvamos apenas no campo prático. Escolham, dentre vocês, sete homens de boa reputação, sensíveis a captação da mensagem do Espírito Santo e que tenham sabedoria. Eles ficarão encarregados deste serviço de divulgação, para que nós perseveremos na oração e no ministério da palavra.

A proposta agradou a todos e eles elegeram Estêvão, homem cheio de fé e do Espírito Santo, que fora acolhido e curado naquela casa, Filipe, Prócoro, Nicanor, Timão, Pármenas, e Nicolau, o recém-convertido de Antioquia, e os apresentaram perante os apóstolos que oraram, impuseram as mãos sobre eles e fizeram deles novos agentes de divulgação. Com esta medida, divulgava-se a palavra de Deus, de sorte que se multiplicava muito o número dos discípulos em Jerusalém e muitos sacerdotes judeus obedeciam à nova fé.

Estêvão, cheio de graça e poder, fazia curas prodigiosas e pregava muito entre o povo. Alguns judeus, representantes das sinagogas, disputavam com Estêvão nas pregações, mas não podiam combater em pé de igualdade a sabedoria e o espírito com que falava e inspirava. Então, subornaram alguns homens para que dissessem:

— Temos ouvido este homem proferir palavras que insultam a Moisés e a Deus.

Assim excitaram o povo, os anciãos judeus, e os escribas que, investindo contra ele, o prenderam e o levaram ao sinédrio apresentando falsas testemunhas que diziam:

— Este homem não para de proferir palavras contra a lei dos judeus, pois nós o temos ouvido dizer que esse Jesus, o nazareno, há de destruir este lugar e mudar os costumes que Moisés nos transmitiu.

Os que estavam no tribunal, ao colocarem os olhos no réu, viram o seu rosto que se apresentava como o de um anjo. Ao observá-lo, o sumo sacerdote disse:

— Porventura são assim estas coisas?

Estêvão, conhecendo a malícia daqueles corações, buscou apresentar em sua fala o pleno conhecimento que tinha das leis, dos profetas e da história do povo de Israel:

— Irmãos e pais, ouvi. O Deus da glória apareceu a nosso pai Abraão e lhe propôs uma possibilidade de crescimento da verdade. Orientou para que saísse da sua terra para longe da sua parentela, e se dirigisse à terra que Ele determinaria – referindo-se aqui, simbolicamente, ao exílio dos espíritos de outro orbe. Então Abraão saiu da terra dos caldeus – Capela – e habitou em Harã – a Terra. Depois que seu pai faleceu – perda das posturas velhas e imediatistas que era a forma anterior de ver a existência – Deus o trouxe para esta terra – etapa na qual se daria o desenvolvimento íntimo de uma nova visão – onde agora estamos. E nela não lhe deu herança – esquecimento do passado –, principalmente quanto aos aspectos negativos de sua caminhada até aqui, e nem sequer o espaço para por um pé. Estabeleceram um projeto espiritual rígido para que eles não repetissem a mesma caminhada de erros e conquistassem os valores morais antes desprezados. Prometeu que lhes daria o direito de voltar ao orbe de origem depois que auxiliassem a humanidade terrena na sua evolução. Tendo fundamentado os princípios da fé, delegou aos capelinos da raça judaica o papel de realizar seu desenvolvimento. Assim, vemos em Abraão a fé rústica – a dos sacrifícios; no rei Davi, o fundamento da fé desenvolvida pela razão – que se efetivou na Terra com o surgimento das doutrinas espiritualistas; na deportação para a Babilônia[1] – símbolo das lutas que a humanidade deve ter para que o espírito prepondere sobre a matéria; até Jesus Cristo – a fé pura em sua manifestação mais plena e consciente da realidade do espírito, sentida e vivida em testemunhos.

Esclareceu a miscigenação de duas das quatro grandes raças adâmicas[2], os hebreus – raça responsável pelo desenvolvimento religioso – e os egípcios – raça que desenvolveu a ciência espiritualizada, as quais estavam destinadas a caminhar juntas. Por isso ocorreu a venda de José por seus irmãos e, posteriormente, a transferência de Jacó com toda a sua família; dali para a frente isso seria a base de todo o povo hebreu. Depois desse evento, vem Moisés, para libertá-los, testificando que Deus jamais esquece Seu povo.

Estêvão discorreu sobre a história do povo de Israel, mostrando que o pacto da circuncisão representava a abertura de novos níveis da consciência que, até à época de Paulo de Tarso, somente os judeus se beneficiavam dela. A partir dali, os gentios[3] teriam o direito de usufruir dessa abertura e de se

1 Mateus, 1:17 - De sorte que todas as gerações, desde Abraão até Davi, são catorze gerações; e desde Davi até a deportação para a Babilônia, catorze gerações; e desde a deportação para a Babilônia até Cristo, catorze gerações.
2 *A caminho da Luz* – Capítulo 3 – "Aqueles seres decaídos e degradados, a maneira de suas vidas passadas no mundo distante da Capela, com o transcurso dos anos reuniram-se em quatro grandes grupos que se fixaram depois nos povos mais antigos, obedecendo às afinidades sentimentais e linguísticas que os associavam na constelação do Cocheiro. Unidos, novamente, na esteira do Tempo, formaram desse modo o grupo dos árias, a civilização do Egito, o povo de Israel e as castas da Índia." Emanuel, Chico Xavier.
3 A palavra gentio designa um não israelita e é, muitas vezes, usada no plural. Os

responsabilizarem por si mesmos diante de suas escolhas. Os espíritos dos gentios eram os dos habitantes naturais do orbe, que não assimilavam o Cristo de maneira profunda, mas que com o tempo poderiam compreendê-Lo.

Ressaltou que em todos os tempos o povo judeu perseguiu os profetas e até mataram os que antes anunciaram a vinda do Justo, do qual eles agora se tornavam traidores e homicidas. Rogou que refletissem na responsabilidade de Sua morte junto aos romanos, pois Moisés já havia dito sobre Ele: "Deus fará surgir dentre seus irmãos um profeta como eu.", referindo-se aí sobre a vinda do Messias. Nesse processo de conscientização e contato com a essência do espírito que habita em cada um, reside o chamado desta hora.

Ao ouvirem estas palavras eles sentiam mais raiva contra Estêvão. Mas ele, influenciado pelos espíritos superiores que o amparavam, fitando os olhos no céu, viu Jesus, à direita de Deus, e disse:

— Eis que vejo os céus abertos, e o Filho do homem em pé à direita de Deus.

Tomados de intensa ira, pois a maioria deles ainda não se encontrava preparada para uma proposta daquela envergadura, o prenderam e o expulsaram para fora da cidade, com a intensão de apedrejá-lo e o levaram aos pés de Saulo que, irritado com a postura superior dele – que tinha uma tranquilidade no olhar e uma fala profunda e esclarecedora que ninguém conseguia

---

tradutores cristãos da Bíblia usaram esta palavra para designar coletivamente os povos e nações distintos do povo Israelita. A palavra é especialmente importante em relatos sobre a história do cristianismo, para designar os povos Europeus que, gradualmente, se converteram à nova religião, sob a influência do apóstolo Paulo de Tarso e outros. O próprio Paulo nascera na atual Turquia, mas tinha sido educado no judaísmo. (N.E.)

Samuel Gomes

refutar – determinou que o apedrejassem, consentindo com a sua morte. Estêvão, em oração, conseguiu visualizar Jesus que o aguardava em plena realidade imortal, e disse:

— Senhor Jesus, recebe o meu espírito.

E pondo-se de joelhos, clamou com grande voz:

— Senhor, não impute a Paulo este pecado, pois ele não sabe o que faz.

Tendo dito isto, perdeu as últimas forças que o sustentavam em vida.

Alguns homens piedosos sepultaram o corpo de Estêvão e o fizeram com grande pranto, principalmente, aqueles que foram auxiliados, curados e esclarecidos pelo seu coração a respeito das verdades de Jesus.

7.
Saulo de Tarso

Paulo contava estes detalhes com resignação e força para que aquelas lembranças pudessem mostrar o quanto ele foi inescrupuloso e precipitado por se deixar envolver pela alucinação de defender o que ele acreditava ser verdade. Citava seu erro como se fizesse uma confissão, para que ficasse evidente para todos os homens que um dia lessem essas anotações, o quanto errou.

Após a morte de Estêvão, levantou-se grande perseguição contra a igreja de Jerusalém, comandada pela ira do então Saulo para acabar com todos os seguidores daquele homem vulgar que chamavam de Messias. E todos, exceto os apóstolos, com medo do que poderia lhes acontecer, se dispersaram pelas regiões da Judeia e da Samaria.

Saulo tentava aniquilar a igreja entrando pelas casas e arrastando homens e mulheres, os entregando à prisão. No entanto os que estavam dispersos iam por toda parte, anunciando a palavra do Evangelho nascente. Um deles era Filipe que, descendo a uma cidade da Samaria, pregava as verdades do Cristo. As multidões escutavam, unânimes, as coisas que dizia e viam os milagres que operava. Estas curas trouxeram grande alegria para aquela cidade.

Havia certo homem chamado Simão, que vinha exercendo a arte mágica, fazendo pasmar o povo da Samaria, e dizendo ser ele uma grande personalidade. Todos o idolatravam, desde o menor até o maior, dizendo:

— Este homem é a manifestação do poder de Deus, que se apresenta grande por suas mãos.

Mas, quando encontraram Filipe, que lhes pregava sobre o reino de Deus e de Jesus, se batizaram pela nova doutrina. Até o próprio Simão, compreendendo o que fazia àquele povo e sendo tocado pelos exemplos daquele ser iluminado se batizou e ficou de contínuo com Filipe. Ele se admirava com os milagres que o discípulo fazia.

Os apóstolos que estavam em Jerusalém, sabendo que as pessoas da Samaria haviam recebido bem a palavra de Deus, enviaram Pedro e João para lá. Tendo eles chegado, oraram para que os seguidores do Cristo recebessem a influência do Espírito Santo, pois muitos seguidores dali somente tinham sido batizados em nome do Senhor Jesus, pelos cristãos daquelas igrejas. Então, os apóstolos impuseram as mãos sobre todos e aqueles que possuíam uma sensibilidade mediúnica mais aflorada receberam a inspiração do Espírito Santo.

Quando Simão, o mágico, viu que pela imposição das mãos dos apóstolos se manifestavam os espíritos superiores, teve interesse de se utilizar daqueles poderes para se beneficiar junto ao povo. Ofereceu dinheiro a Pedro, dizendo:

— Dai-me também esse poder, para que aquele sobre quem eu impuser as mãos receba o Espírito Santo.

— Vá com sua prata para a perdição, pois desejou adquirir com dinheiro o dom de Deus, e estas faculdades não são para exploração ou ganho pessoal. Você não tem sintonia com este ministério, que exige humildade e desinteresse, e o seu coração não é reto diante de Deus. Arrependa-se da sua maldade e rogue ao Senhor para que seu coração seja perdoado. Vejo que você está amargurado e envolvido por entidades inferiores.

— Roguem por mim ao Senhor, para que nada do que disseram venha sobre mim.

Um tempo depois, voltando para Jerusalém, evangelizavam em muitas aldeias dos samaritanos próximas dali, criando grupos para o estudo da mensagem do Cristo com as pessoas mais simples. Certo dia, apareceu um espírito de luz que falou a Filipe:

— Parta em direção ao sul, pelo caminho que desce de Jerusalém a Gaza e que passa pelo deserto.

E assim ele o fez. Já na estrada indicada, Filipe viu um etíope, eunuco, mordomo-mor de Candace, rainha dos etíopes, que era superintendente de todos os seus tesouros e tinha ido a Jerusalém orar no templo. Ele regressava e, sentado no seu carro, lia o profeta Isaías. Disse o Espírito a Filipe:

— Aproxime-se daquele carro.

Filipe apressou o passo, olhou para dentro do carro, viu que o homem lia o profeta Isaías e disse:

— Por ventura você entende o que está lendo?

— Pois como poderei entender, se alguém não me ensinar?

E pediu a Filipe que subisse e com ele se sentasse. A passagem da Escritura que o mordomo estava lendo era: "Ele foi oprimido, mas não abriu a sua boca; como um cordeiro foi levado ao matadouro, e, como a ovelha muda perante os seus tosquiadores, ele não abriu a sua boca. Da opressão e do juízo foi tirado; e quem contará o tempo da sua vida? Porquanto foi cortado da terra dos viventes; pela transgressão do meu povo ele foi atingido".[1]

— Rogo-te, de quem diz isto o profeta? De si mesmo, ou de algum outro? – disse o eunuco.

Filipe tomou a palavra e, começando por esta escritura, anunciou-lhe a vida de Jesus. E indo eles conversando pelo caminho, chegaram a um lugar onde havia água. Reflexivo, o eunuco

1 Isaías 53:7-8.

perguntou:

— Eis aqui água, o que impede que eu seja batizado?

— Será lícito que seja batizado, desde que Nele creia de todo o seu coração.

— Creio que Jesus Cristo é o Filho de Deus.

Então, mandou parar o carro e desceram ambos até a água e Filipe o batizou. Quando saíram, o espírito que acompanhava Filipe indicou para retomar a sua jornada. Daquele dia em dian-te, nunca mais viu o eunuco que, jubiloso, seguia o seu caminho.

Filipe se encontrava em Azoto e, ao passar por lá, evangelizava todas as cidades, até que chegou a Cesareia.

****

Saulo, porém, buscando ainda ameaças e mortes contra os discípulos do Senhor, dirigiu-se ao sumo sacerdote e pediu-lhe cartas para as sinagogas de Damasco, a fim de que encontrasse alguns cristãos, homens ou mulheres, para conduzi-los presos a Jerusalém.

Assim, seguiu viagem e aproximando-se de Damasco, um res-plendor de luz que parecia descer do céu o cercou subitamente. Perdendo seu equilíbrio diante daquela claridade, ele caiu do cavalo por terra e ouviu uma voz que lhe dizia:

— Saulo, Saulo, por que você me persegue?

Esta percepção mediúnica tinha como base a materialização de Jesus em forma de luz e da produção viva da Sua voz. Não podendo enxergar quem falava, ele perguntou:

Samuel Gomes

— Quem é, Senhor?

— Eu sou Jesus, a quem você persegue.

Inebriado e emocionado com aquela aparição, Saulo ficou mudo, esperando que Ele indicasse o que deveria fazer dali para frente. Logo ouviu novamente:

— Levante-se e entre na cidade e lá lhe será dito o que deve fazer.

Os homens que viajavam com ele ficaram em silêncio, sem ver ninguém e sem saber o que estava acontecendo, embora tenham percebido uma grande luz. Saulo levantou-se e, abrindo os olhos, não via coisa alguma. Seus homens acharam que ele enlouquecera e para que não se comprometessem diante dos fatos, o guiaram e conduziram até uma hospedaria em Damasco e o deixaram lá. Durante três dias e sem enxergar, ele ficou ali e quase não comeu e nem bebeu nada.

Naqueles dias, havia em Damasco um discípulo chamado Ananias e através de uma visão, Jesus lhe disse:

— Ananias!

— Eis-me aqui, Senhor.

— Levante-se, vá à rua chamada Direita e procure na casa de Judas um homem de Tarso, chamado Saulo, pois ele está orando e aguardando de você orientações e direcionamentos. Vá até lá e põe suas mãos sobre os olhos dele para que o cure de sua cegueira.

— Senhor, ouvi muitos falarem desse homem e sobre as maldades que tem feito aos Seus apóstolos em Jerusalém. Aqui ele tem o poder dos principais sacerdotes para prender a todos os que Lhe seguem.

— Vá, porque ele é um vaso escolhido para levar o meu nome para os gentios, os reis e os filhos de Israel, pois eu lhe mostrarei quanto lhe cumpre padecer pelo meu nome.

O Senhor contou a Ananias tudo o que tinha acontecido com Saulo a caminho de Damasco e então, ele foi. Ao entrar na casa, procurou Saulo e lhe impôs as mãos sobre os olhos, dizendo:

— Irmão Saulo, Jesus, que lhe apareceu no caminho, me enviou para que você volte a ver, seja envolvido pelos espíritos Dele e fique sob a influência do Espírito Santo.

Saulo sentiu que lhe caíram dos olhos algo que parecia umas escamas que tamponavam sua visão e recuperou a vista, então, levantando-se, foi batizado por Ananias. Logo após, se alimentou e ficou mais fortalecido.

Ficou na cidade por mais alguns dias, buscando a companhia dos discípulos que estavam em Damasco e logo que teve uma oportunidade pregou nas sinagogas sobre Jesus, dizendo ser Ele o filho de Deus. Todos os seus ouvintes ficavam espantados e diziam:

— Não é este quem perseguia em Jerusalém os que invocavam esse nome? E não veio aqui para levá-los presos para os principais sacerdotes?

Paulo, porém, se fortalecia cada vez mais e confundia os judeus que moravam em Damasco, provando que Jesus era o Cristo prometido ao povo de Israel. Decorridos muitos dias, os judeus, profundamente preocupados com a convicção de sua fé e a eficácia de suas palavras, decidiram matá-lo. Mas Paulo tomou conhecimento das suas ciladas e decidiu partir.

Como as portas da cidade estavam guardadas de dia e de noite pelos militares judeus, que tinham o objetivo de matá-lo, os discípulos decidiram descê-lo pelo muro dentro de um cesto, mesmo ele querendo dar o testemunho de sua vida pelo Cristo. Os companheiros lhe mostraram que, apesar de querer morrer em nome Dele para se redimir do mal que fizera aos cristãos, ainda não era o tempo de seu testemunho e muito ainda ele poderia fazer.

Quando Paulo chegou a Jerusalém, procurou juntar-se aos discípulos, mas todos o temiam, não acreditando que ele fosse realmente um discípulo do Cristo. Então, Barnabé, que estava com ele e era um dos primeiros cristãos, o levou novamente aos apóstolos e lhes contou como ele vira o Senhor no caminho de Damasco e tudo o que Ele lhe falara sobre Paulo. Contou como ele pregara ousadamente em nome de Jesus nas sinagogas de Damasco. Assim, Paulo passou a andar em Jerusalém com os apóstolos, e pregando destemidamente em nome do Senhor. Falava e disputava também com os helenistas[2]. Toda esta atuação despertou inveja e temor aos judeus dali, que procuravam matá-lo. Os irmãos de ideal souberam disso, o acompanharam até Cesareia e o enviaram a Tarso, sua terra natal.

Depois desta providência, todas as igrejas da Judeia, Galileia e Samaria, passaram por um período de paz, com o estudo da mensagem de Jesus sendo edificado em cada uma delas e onde seus seguidores buscavam andar nos caminhos edificados pelo Senhor.

---

2 Os helenistas eram um grande grupo de judeus que viviam fora da palestina, tinham recebido influência da cultura greco-romana, deixando de ser caracteristicamente judaico e adotando o idioma grego. Eram vistos com certo preconceito pelos judeus da Palestina, pois eles não eram praticantes de todos os preceitos importantes do Judaísmo.

8.
A cura de Enéias e a ressurreição de Tabita

Pedro estava passando por uma região que fica a cerca de cinquenta quilômetros de Jerusalém, na região portuária de Cesareia, na costa mediterrânica, e as pessoas humildes vinham para ouvir a mensagem daquele que operava milagres e curava os doentes, pois as notícias do que ele fazia iam correndo por todas as cidades. Entre eles, estava certo homem chamado Enéias, que há oito anos estava preso a uma cama, porque tinha ficado paralítico. Ele foi apresentado ao apóstolo pelos que o trouxeram de Pera e ao sondá-lo, disse-lhe:

— Enéias, Jesus Cristo lhe curou; levanta e faz a sua cama.

Ele logo se levantou diante de todos os que estavam ali, e se admiraram dos poderes de Pedro, que curava em nome de Jesus e da beleza da Sua doutrina, convertendo-se muitos ao Cristianismo.

Havia em Jope uma discípula por nome Dorcas. Seu nome significava gazela e em hebraico era Tabita. Ela era conhecida pela dedicação extrema em favor dos pobres da cidade, ao ponto de costurar túnicas e vestidos para as viúvas necessitadas. Naqueles dias ela adoeceu e ficou com uma aparência tão real de morte que os seus amigos a lavaram e a prepararam para o sepultamento.

Os discípulos de Jope, ouvindo que Pedro estava em Lida, cidade bem próxima, enviaram-lhe dois homens, rogando-lhe:

— Venha o mais rápido até nós, pois precisamos de você.

Assim que Pedro recebeu o chamado foi com os emissários para Jope e quando chegou, eles o levaram ao cenáculo onde Dorcas fora depositada. Ele foi recebido por todas as viúvas que o cercaram chorando, mostrando-lhe as túnicas e vestidos que

Dorcas fizera para elas. Mas Pedro, pedindo a todos que saíssem dali, pôs-se de joelhos e orou para entrar em sintonia com o plano espiritual e possibilitar a ação fluídica de recomposição energética necessária a ela e, voltando-se para o corpo, disse:

— Tabita, levante-se!

Ela abriu os olhos e ao ver Pedro, sentou-se, e ele lhe dando a mão, levantou-a. Chamando as pessoas que muito a amavam e estavam desorientadas, apresentou-a viva. Esse fato se tornou tão notório por toda a Jope e sensibilizou a muitos que creram em Jesus e se tornaram cristãos. Esta cura foi programada pela espiritualidade para chamar a atenção dos homens, como aconteceu mais tarde com o Espiritismo e os fenômenos e fundamentar uma doutrina e sua proposta educacional.

Registramos que tanto Enéias quanto Dorcas estavam entre os setenta primeiros discípulos do Cristianismo.

Pedro ficou muitos dias em Jope, em casa de um curtidor de peles chamado Simão, pregando os ensinos de Jesus e realizando curas em seu nome.

9.
O centurião Cornélio e o alimento imundo

Pedro um dia me contou sobre um homem de Cesareia chamado Cornélio, oficial do exército romano que era centurião. Ele, bem com toda a sua família, era piedoso e temente a Deus, fazia muita caridade, dava esmolas ao povo e orava diariamente a Deus. Certo dia, numa visão, viu claramente um anjo de Deus, que lhe chamou:

— Cornélio!

— Que é, Senhor?

— As suas orações e as suas esmolas têm chegado diante de Deus por meio dos espíritos que o auxiliam. Agora, envie homens a Jope e manda chamar a Simão, que tem por sobrenome Pedro. Ele está hospedado com certo Simão, o curtidor, cuja casa fica à beira-mar. Quando Pedro chegar, lhe dirá o que você tem de fazer.

Logo que o anjo se retirou, Cornélio chamou dois dos seus domésticos e um piedoso soldado, dentre os que estavam a seu serviço e, passando todas as orientações que recebeu, os enviou a Jope. No dia seguinte, eles se puseram a caminho.

No dia em que eles partiram para Jope, Pedro subiu ao terraço para orar por volta do meio dia. E tendo fome após orar, quis comer, mas enquanto lhe preparavam a comida, teve uma visão em que percebia o céu aberto e um objeto descendo, como se fosse um grande lençol, sendo baixado por quatro pontas e no qual estavam todos os quadrúpedes e répteis da terra e aves do céu. E uma voz lhe disse:

— Levanta-te, Pedro, mata e come.

— De modo nenhum, Senhor, porque nunca comi coisa alguma comum e imunda.

Pela segunda vez a voz lhe falou:

— Não chame de comum o que Deus purificou.

A orientação foi repetida por uma terceira vez e depois o objeto foi recolhido ao céu.

Pedro refletia perplexo sobre o que significaria a visão que tivera. Lembrou-se de que havia negado Jesus por três vezes quando estava sob domínio do medo de ser preso e do apego exagerado à sua segurança. Refletia a necessidade de começar a purificar-se daquelas forças negativas que alimentaram sua alma em muitas ocasiões. Elas não eram impuras à natureza humana e a advertência que acabara de receber lhe mostrava isto.

Nesse meio tempo os homens enviados por Cornélio chegam a Jope, e tendo perguntado pela casa de Simão, o curtidor, pararam à porta pouco tempo depois. Perguntaram se ali estava hospedado Simão, que tinha por sobrenome Pedro.

Estando Pedro ainda a meditar sobre a visão, o espírito lhe disse:

— Eis que dois homens o procuram. Levante-se, desce e vai com eles, nada duvidando, porque eu os enviei até você.

E descendo, Pedro foi ao encontro dos homens e disse:

— Sou eu a quem vocês procuram. Por que vieram?

— O centurião Cornélio, homem justo, temente a Deus, que acompanha com respeito as práticas religiosas da nação judaica, foi avisado por um anjo para lhe chamar à casa dele e ouvir as suas palavras.

Pedro os convidou a entrar e os hospedou. No dia seguinte partiu com eles e alguns outros irmãos para Jope e no outro dia entrou em Cesareia.

Cornélio os esperava, tendo reunido os seus parentes e amigos mais íntimos. Quando Pedro ia entrar, Cornélio veio ao seu encontro e, prostrando-se a seus pés, o adorou. Mas Pedro, erguendo-o, disse:

— Levante-se que eu também sou homem, como você, e se há alguém a quem devemos respeito e admiração, este é Jesus Cristo.

E ainda conversando com ele, ao entrar, achou muitos reunidos ali. Ao observá-los, disse:

— Vocês sabem que não é permitido pela lei antiga que um judeu se junte ou se aproxime de estrangeiros, mas Deus me mostrou que, mesmo sendo eu um judeu, a nenhum homem devo chamar comum, imundo ou estrangeiro, pois todos somos irmãos em espírito, devendo tirar nossos preconceitos e apegos de raça para além da parentela corporal, das línguas e culturas. Por isto que, sendo chamado, vim sem objeção. Por que razão vocês mandaram me chamar?

Ao ouvir a pergunta de Pedro, Cornélio se adiantou e respondeu:

— Hoje faz quatro dias que eu estava orando em minha casa e diante de mim se apresentou um homem com vestes resplandecentes me dizendo que a minha oração foi ouvida e que as caridades que fiz estão registradas diante de Deus. Pediu-me para enviar pessoas a Jope e procurar por um homem chamado Simão, que tem por sobrenome Pedro, que estava hospedado na casa de Simão, o curtidor, à beira-mar.

Portanto mandei logo chamá-lo e você fez bem em vir, pois estamos todos aqui presentes diante de Deus, para ouvir tudo quanto lhe foi ordenado pelo Senhor.

— Na verdade sei que Deus não faz diferença entre as pessoas, mas que reconhece todo àquele que, em qualquer nação, o teme e pratica o que é justo. Ele enviou aos filhos de Israel a Sua palavra, anunciando a paz por meio de Jesus Cristo, o Senhor de todos.

Pedro narrou todos os acontecimentos ligados à Jesus, desde as revelações de Maria dadas pelo anjo, antes do Seu nascimento, até à Sua ressurreição.

Relatou sobre a missão de pregar ao povo e testemunhar que Ele é o que por Deus foi constituído, como uma estrutura de amor que abrange os atos das criaturas, tanto na vida física como após a morte, para nos levar de volta ao coração de nosso Pai.

A ele todos os profetas antigos se referiram, dando testemunho da verdade de que toda pessoa que Nele crê receberá a remissão dos pecados pelo Seu nome, e por meio de Seu trabalho renovador. Pelo amor operante, pela caridade e pela transformação moral, o amor cobrirá a multidão de pecados.

Enquanto Pedro ainda contava estas coisas, desceu o Espírito Santo sobre as pessoas que ali estavam passando a influenciar os pensamentos de todos os que ouviam a palavra.

Muitos dos estrangeiros se converteram ao Cristo, aceitavam circuncisão como símbolo da nova aliança com Deus por meio de Jesus. Todos os que tinham vindo com Pedro, se maravilharam ao ver que também isto se desse para os gentios, que já apresentavam alguns valores de amadurecimento, abrindo-se para os dons do Espírito Santo, porque passaram a ouvi-los falando em outras línguas e a glorificar a Deus por meio da transformação pessoal.

Refletindo sobre esses acontecimentos, Pedro disse:

— Pode alguém porventura recusar a água para que também os gentios sejam batizados, como nós, uma vez que receberam o Espírito Santo?

Mandou, pois, que todos que quisessem, fossem batizados em nome de Jesus Cristo, abrindo a possibilidade de envolver não apenas os irmãos da raça judaica, mas todos os que se interessassem pelas verdades de Jesus. Os cristãos recém-convertidos daquela região rogaram a Pedro que ficasse com eles por alguns dias.

10.
A visão de Pedro e a chegada de Paulo

Quando passei a integrar o grupo dos trabalhadores da Casa do Caminho, encontrei alguns companheiros ainda presos a uma visão limitada e separatista compartilhada por muitos discípulos que estavam pela Judeia. Eles viam apenas nos irmãos judeus a condição necessária para serem seguidores do Cristo. Ao ouvirem que os gentios também estavam sendo convidados para participar dos trabalhos ficaram ressentidos, pois viam os pagãos com desdenho e superioridade.

Quando Pedro voltou a Jerusalém, os demais questionaram suas ações e discutiram a respeito do assunto, para definir sobre a questão da circuncisão[1], que estava sendo adotada pelos cristãos para amenizar as exigências em cima da igreja nascente do Cristianismo:

— Você entrou nas casas dos gentios, homens incircuncisos, se hospedou em suas casas e os envolveu no trabalho que cabe a nós fazer. Isto não está certo.

Pedro, porém, contou a visão que teve dos alimentos impuros, descreveu os fatos e curas que aconteceram na região de Cesareia e do convite por parte de Jesus para amparar e convidar a todos para fazerem parte do rebanho divino, sem separações

1 Gamaliel, um sábio rabino judeu de idade avançada que acreditava em Jesus, visitou a Casa do Caminho para conhecer os trabalhos. Antes de se retirar, compreendendo a delicadeza da missão dos apóstolos em Jerusalém, um ambiente por vezes tão hostil, no qual os galileus não seriam isentos de perseguição, aconselhou a Pedro introduzir as práticas judaicas. Seria justo, ao seu ver, que se cuidasse da circuncisão de todos os que lhe batessem à porta; que evitassem as viandas impuras; que não olvidassem o Templo e seus princípios. Em se tratando de uma organização iniciada por alguém que fora condenado à morte pelo Sinédrio, os golpes da violência, cedo ou tarde, haveriam de chegar. Com aqueles conselhos, visava amparar Pedro, João e Tiago, que estavam à frente das atividades. Mas quando Paulo passou a converter os pagãos (estrangeiros em geral) esta prática foi repudiada por todos que queriam seguir Jesus, mas não se submetiam às praticas judaicas. O tema da circuncisão foi base para muita discórdia no Cristianismo nascente. (N.E.)

raciais na formação de uma única família. No final, disse-lhes:

— Lembrei-me então da palavra do Senhor, quando disse que João batizou com água, mas que Seus seguidores seriam batizados no Espírito Santo. Portanto, se Deus lhes deu o mesmo dom que deu também a nós, ao crermos no Senhor Jesus Cristo, quem sou eu para resistir a Ele e não fazer aquilo que, em sã consciência, nos pede?

Ao ouvirem estas ponderações, todos se acalmaram, dizendo:

— Deus concedeu também aos gentios o arrependimento para esta vida, pois que já se encontram abertos para uma caminhada mais consciente na evolução.

Os trabalhadores do Cristo que estavam dispersos continuaram a divulgar os ensinos do Mestre somente aos judeus, pois não conheciam o trato realizado pelos apóstolos em Jerusalém, estabelecendo que todos poderiam ser incluídos nos propósitos de Jesus.

Alguns cíprios e cirenenses pregavam também aos gregos, e o Senhor era com eles, sendo que grande número acreditou e se converteu ao Cristianismo. A notícia destas conversões chegou à igreja em Jerusalém e os apóstolos enviaram Barnabé para Antioquia. Ao chegar e ver a graça de Deus em favor de todos, muito se alegrou e estimulava-os com firmeza de coração.

Dali, Barnabé partiu para Tarso em busca de Paulo e o levou para pregar em Antioquia. Durante um ano inteiro Paulo aprimorou os trabalhos instruindo muitos naquela igreja. Pela primeira vez, em Antioquia, os discípulos foram chamados cristãos.

Naqueles dias cristãos com dons mediúnicos – principalmente

de premonição – desceram de Jerusalém para Antioquia, destacando-se um Ágabo que, dava a entender pelo Espírito Santo que haveria uma grande fome por todo o mundo. Esta fome era a de valores novos, iniciando a renovadora etapa de crescimento espiritual para a Terra. Com o desenvolvimento dos trabalhos, os discípulos da Grécia resolveram mandar, cada um conforme suas posses, socorro aos irmãos que habitavam na Judeia, que eram levados por Barnabé e Paulo.

11.
A morte de Tiago
e as perseguições

Por aquele mesmo tempo, o rei Herodes estendeu as mãos sobre alguns da igreja e matou Tiago[1] à espada. Começavam novamente as perseguições por toda parte, na tentativa de não permitir as transformações iminentes e necessárias nos aspectos espirituais e religiosos. Estava estabelecido por Jesus e seus prepostos o caminho do alvorecer da etapa de crescimento para todos.

Vendo que a perseguição agradava aos judeus, ele continuou e mandou prender também a Pedro. Na prisão, ele ficou sob a guarda de quatro grupos de quatro soldados, encarregados de o vigiarem o tempo todo, pois Herodes iria apresentá-lo ao povo depois da Páscoa.

A igreja orava com insistência a Deus em favor de Pedro, principalmente os que foram beneficiados pela bondade dele. Na noite anterior ao dia em que estava para ser apresentado, Pedro dormia entre dois soldados, acorrentado com duas cadeias e com sentinelas que guardavam a porta da prisão. Nesse momento, veio um espírito do Senhor e uma luz resplandeceu na prisão. Tocando Pedro, o despertou, dizendo:

— Levante-se dos padrões mentais do desânimo para o da segurança e firmeza. Envolva-se! Prepare-se interiormente com harmonia e paz. Calce as suas sandálias, não deixe que seu passado o perturbe. Cubra-se com a tua capa, coloque-se sob a proteção de seus conhecimentos espirituais mais nobres e siga-me.

Imediatamente as correntes que o prendiam se abriram e

---

1 Tiago, o filho de Zebedeu, é um dos doze apóstolos escolhidos por Cristo, irmão do apóstolo João. Juntamente com este e com Pedro, foi especialmente íntimo de Jesus. (N.E.)

Pedro o seguia, julgando que o fato não era real e que se fazia por intermédio de algum fenômeno espiritual, pois julgava que era uma visão ou que estava sonhando. Depois de terem passado a primeira e a segunda sentinelas, chegaram à porta de ferro que dava para fora da prisão. Esta se abriu por si mesma e eles saíram para a rua. Ali chegando, aquele espírito desapareceu. Pedro então, tomando consciência de que tudo era real, disse:

— Agora sei verdadeiramente que o Senhor enviou um espírito para me livrar da mão de Herodes e de toda a curiosidade dos judeus.

Depois de assim refletir foi à casa de Maria Marcos, irmã de Barnabé e mãe de João Marcos, onde muitas pessoas estavam reunidas a orar. Quando ele bateu ao portão do pátio, uma criada chamada Rode o ouviu chamar e, correndo para dentro, anunciou que Pedro estava lá fora. Eles lhe disseram:

— Você está louca!

Ela, porém, assegurava que era Pedro. Eles então diziam:

— Será que é o seu espírito?

Mas Pedro continuava a bater e, quando abriram o portão, o viram e ficaram admirados. Mas ele, acenando-lhes com a mão para que se calassem, contou-lhes como o Senhor o tirara da prisão, e disse:

— Anunciai isto a Tiago[2] e aos nossos irmãos cristãos.

E partiu para outro lugar, para que se cumprisse o que lhe

---

2 Tiago, o filho de Alfeu e de Maria (a irmã de Maria, mãe de Jesus), é primo de Jesus e um dos doze apóstolos nomeados por Cristo, chamado de "Tiago, o Menor".

Samuel Gomes

aguardava fazer, já que a bondade do Mestre, fazendo aquela ocorrência, esperava dele outras missões.

Logo que amanheceu, houve grande alvoroço entre os soldados sobre o que teria sido feito de Pedro. Herodes inquiriu as sentinelas e mandou que todos eles fossem presos para averiguações. Contrariado, foi para Cesareia e demorou-se ali. Estava muito irritado contra os cristãos de Tiro e de Sidom, mas estes, por meio da intercessão amiga de Blasto o camareiro do rei, de comum acordo vieram se encontrar com ele pedindo por paz, uma vez que estas cidades se abasteciam do país do rei. Num dia designado, Herodes, vestido de trajes reais, sentou-se no trono e dirigia-lhes a palavra.

O povo que presenciava o encontro e ouvia o que ele dizia, ficou tão impressionado que exclamava:

— Esta é a voz de um deus, e não de um homem.

Mas, o plano maior da vida, observando que ele estava preste a partir da Terra, movimentou-se para que o recolhessem. Herodes, sentindo um mal súbito, morreu ali mesmo.

12.
O trabalho de Paulo e Barnabé

Na igreja em Antioquia havia alguns discípulos que tinham uma sensibilidade mediúnica mais apurada. Utilizando-se desse dom, eles divulgavam o Cristianismo e procuravam se afastar das atitudes inferiores, oferecendo assim as condições de receber, cada vez mais, a colaboração espiritual. Paulo contava com a supervisão espiritual de Estêvão – a quem matara. Certo dia ele lhes orientou:

– Destaquem Barnabé e Paulo para cumprirem a obra para a qual Jesus os chamou.

Após refletirem na orientação recebida os apóstolos oraram e impuseram as mãos nos companheiros que partiam, para fortalecê-los, simbolicamente desligando-os das repercussões de seus erros do passado, para melhor realizarem a obra em nome do Mestre, dali para frente.

Assim, eles navegaram para a Grécia e, chegados a Salamina, anunciavam a palavra de Deus nas sinagogas dos judeus, sob o amparo dos espíritos. Nos trabalhos, tinham a João Marcos que os acompanhava como auxiliar. Em Pafos, acharam certo mago judeu, falso profeta, chamado Elimas, o Barjesus, que estava na comitiva do procônsul romano Sérgio Paulo, homem muito sensato e justo. Este chamou a Barnabé e Paulo e mostrou desejo de ouvir a palavra de Deus expressa na mensagem de Jesus. Mas o mago, possuidor de intenso magnetismo hipnótico, procurava desviar a fé do procônsul, tentando desautorizar os apóstolos. Paulo, percebendo suas intenções e sob inspiração de Estêvão, fitando-o diretamente, disse-lhe:

– Suas intenções são inspiradas pelas forças do mal, cheias de engano e malícia, inimigas de toda justiça. Quando você vai parar de perverter os caminhos retos do Senhor?

Agora a mão Dele cai sobre você, que ficará cego enquanto mantiver esta má postura.

Imediatamente as trevas caíram sobre seus olhos e andando à roda, procurava quem o guiasse pela mão. O prócônsul, vendo o que havia acontecido, sensibilizado e maravilhado, acreditou na doutrina do Senhor.

Chegando a Perge, antiga cidade grega, João Marcos, não dando conta de acompanhá-los, separou-se deles e voltou para Jerusalém. Barnabé e Paulo prosseguiram até Antioquia da Psídia e entrando na sinagoga da cidade, no dia de sábado, sentaram-se.

Depois da leitura dos textos da lei e dos profetas[1], os chefes da sinagoga deram oportunidade aos visitantes de tomar a palavra, o que era um costume do culto.

Paulo se levantou e, pedindo silêncio com a mão, disse:

— Irmãos israelitas e os que temem a Deus, eu lhes digo que Ele escolheu a nossos pais e exaltou o povo de Israel desde quando eles eram estrangeiros na terra do Egito, de onde os tirou com braço poderoso e deu-lhes o território delas por herança durante cerca de quatrocentos e cinquenta anos.

Depois disto lhes deu vários juízes sábios até o profeta Samuel, último juiz que governou por quarenta anos. Então, pediram um rei e Deus lhes deu Saul, filho de Cis, que reinou por quarenta anos. E sendo ele deposto, Davi, filho de Jessé, homem que agia segundo o coração de Deus e que cumpria Sua vontade, se levantou como rei.

---

1 As leis judaicas estão contidas nos cinco primeiros livros da Bíblia: Genesis, Êxodo, Levítico, Números e Deuteronômios, e nos textos dos demais profetas que estão inclusos no Antigo Testamento. É costume no culto das sinagogas a leitura de um trecho desses textos e depois a discussão sobre o conteúdo. (N.E.)

Até ali, suas palavras eram ouvidas com interesse e admiração, pois Paulo dava testemunho de profundo conhecimento das leis e dos profetas, já que fora um Doutor da Lei. Continuou ele a sua pregação:

— Da descendência do Rei Davi trouxe Deus a Israel um Salvador: Jesus. Antes do aparecimento dele, João Batista pregou o batismo pelo arrependimento. E João, esclarecia que depois dele viria Aquele a quem ele não era digno de desatar as sandálias dos pés.

Esta palavra de salvação foi enviada para nós. Os que habitam em Jerusalém e as suas autoridades não conheceram a Jesus e, mesmo não achando Nele nenhum erro que justificasse sua morte, pediram a Pilatos que ele fosse morto.

Tudo o que Dele estavam previsto nas escrituras se cumpriu, e após O tirarem do madeiro, O sepultaram. Mas Deus o ressuscitou dentre os mortos, para nos mostrar que a morte é uma ilusão dos sentidos. Ele foi visto durante muitos dias por aqueles que conviviam com Ele, os quais agora são Suas testemunhas junto ao povo.

E nós apresentamos as boas novas levantando Jesus a todos, cuja vinda e ressureição foram anunciadas pelos profetas como também está escrito nos salmos[2].

Quando Paulo e Barnabé iam saindo, os demais pediram que estas palavras fossem repetidas no sábado seguinte, pois os que ali estavam chamariam alguns outros doutores, para que o ouvissem. Eles perceberam que algumas pessoas foram influenciadas pelas palavras de Paulo, viram a ameaça que estava subtendida nisso e precisavam reunir mais forças contra aquelas

2 Salmos 2:7; Isaías 55:3; Salmos 16:10.

revelações.

No final das atividades, muitos judeus e seguidores devotos da lei seguiram Paulo e Barnabé, que os incentivaram a perseverar na graça de Deus.

No sábado seguinte reuniu-se quase toda a cidade para ouvir a palavra de Deus. Os judeus, vendo as multidões, encheram-se de inveja e, insultando os apóstolos, contradiziam o que Paulo falava, mas ele, ousadamente, disse:

— Era necessário que eu pregasse a palavra de Deus em primeiro lugar para os judeus, mas visto que a rejeitam e não se julgam dignos da vida eterna, nos voltamos para os gentios que aqui estão, porque o Senhor nos pôs para dar luz a eles, a fim de que seja a salvação até os confins da terra. Com este trabalho a salvação se estende para além dos exilados, atingindo todos os homens da Terra em sua iniciação espiritual.

Ouvindo isto, os gentios se alegravam e glorificavam o Senhor, pois acreditaram que todos haviam sido destinados para a vida eterna. Com estas medidas, divulgava-se a palavra de Jesus por toda aquela região.

Mas os judeus buscaram as mulheres devotas de alta posição e os principais judeus da cidade, incitando uma perseguição contra Paulo e Barnabé, e os expulsaram dali. Eles, sacudindo o pó dos seus pés – não sintonizando com as situações infelizes da mágoa ou do orgulho ferido – partiram para Icônio, uma cidade turca, mas partiam cheios de alegria e do Espírito Santo.

Em Icônio entraram na sinagoga dos judeus e falaram de tal modo que uma grande multidão de judeus e de gregos acreditou na mensagem de Jesus. Mas os judeus incrédulos e já sabendo do que tinha acontecido na outra cidade, excitaram e irritaram os ânimos dos gentios contra eles. Apesar disso, eles ficaram ali por muito tempo, falando ousadamente sobre Jesus e sob o poder da Sua intervenção, realizando muitos fenômenos mediúnicos e curas.

O povo da cidade se dividiu, uns a favor dos judeus e outros dos apóstolos. Surgiu, então, uma rebelião envolvendo as autoridades dos dois lados. O tumulto visava criar oportunidade de ultrajar e apedrejar os apóstolos. Ao tomar conhecimento desses planos, eles decidiram ir para Listra e Derbe, cidades da região circunvizinha. Ali também pregaram o Evangelho, abrindo novas igrejas para os que abraçavam a mensagem de amor e concórdia trazida por Jesus.

13.
Os trabalhos continuam

Em Listra havia um homem aleijado dos pés, coxo de nascença e que nunca tinha andado. Ele já tinha escutado falar de Paulo e no dia em que se encontraram, ao olhá-lo nos olhos, Paulo viu que tinha fé para ser curado, que no corpo e nas condições espirituais dele não tinha mais o processo cármico e percebendo que os espíritos reestabeleceram as dificuldades físicas com o ectoplasma, assim se aproximou dele dizendo em alta voz:

— Levante-se direito sobre os seus pés.

Seguindo a imperiosa ordem ele andou. Algumas pessoas que estavam próximas e que assistiram a cura começaram a dizer:

— Os deuses se fizeram semelhantes aos homens e desceram até nós.

Fascinados pelo fenômeno, chamavam a Barnabé de Júpiter e a Paulo de Mercúrio, porque era ele o que pregava pela palavra. O sacerdote do templo de Júpiter, que ficava bem em frente da cidade, trouxe para as portas touros e grinaldas e, juntamente com as multidões, queria oferecer-lhes sacrifícios.

Quando, porém, os apóstolos ouviram isto, rasgaram as suas poupas em gesto característico de repúdio e, indo para o meio da multidão, clamaram energicamente:

— Por que fazem estas coisas? Nós também somos de natureza humana semelhante à de vocês. Anunciamos o Evangelho para que abandonem estas práticas vãs de adoração a vários deuses e se convertam ao Deus vivo, que fez o céu, a terra, o mar, e tudo quanto há neles. Nos tempos passados, O Deus único permitiu que todas as nações andassem nos seus próprios caminhos de crescimento evolutivo, não deixou de dar testemunho de Si mesma, fazendo o bem a todos por Sua providência, dando-nos chuvas e estações frutíferas, enchendo-nos de alimento e de alegria os nossos corações.

Com muita dificuldade, conseguiram impedir que lhes oferecessem sacrifícios, mesmo dizendo tudo isto.

Judeus de Antioquia e Icônio chegaram a Listra e agitaram a multidão contra Paulo para persuadir parte da população a apedrejá-lo e assim o fizeram, arrastando-o para fora da cidade achando que estava morto. Mas quando os discípulos o encontraram, ele conseguiu se levantar e, sem chamar atenção, entrou na cidade e procurou por Barnabé. No dia seguinte partiram para Derbe, na Ásia Menor onde anunciaram o Evangelho conquistando muitos discípulos. Dalí, voltaram para Listra, Icônio e Antioquia dando apoio aos discípulos novos, encorajando-os a perseverar na fé, esclarecendo que para entrar no reino de Deus é necessário passar por muitos testemunhos. Elegeram anciãos para coordenar os trabalhos em cada igreja e orando com os mais puros sentimentos e se purificando com jejuns, os colocaram sob a proteção do Senhor. Ressalto que a pratica do jejum não se limitava à abstenção do alimento físico, mas de todo interesse de ganho no aspecto material.

Quando chegaram a Antioquia e se reuniram na igreja, relataram tudo quanto Deus fizera por meio deles. Ficou ali muito tempo. Mais tarde, alguns cristãos que tinham descido da Judeia e que ainda estavam presos aos aspectos superficiais da fé, apegados a rituais e práticas externas, argumentavam com cristãos dali:

— Se vocês não se circuncidarem, segundo a orientação de Moisés, não poderão ser salvos.

Samuel Gomes

Diante desta imposição, abriu-se novamente a questão sobre a necessidade de fazer a circuncisão para poder atuar na igreja nascente do Cristianismo. Paulo e Barnabé tinham opiniões contrárias às dos argumentadores, pois acreditavam que todos poderiam fazer os trabalhos, mesmo os gentios que não aceitavam a circuncisão. Uma grande divergência surgiu, a ponto de comprometer o andamento dos trabalhos. Foi então que os cristãos de Antioquia resolveram que Paulo e Barnabé e mais alguns dentre eles, subissem até Jerusalém para que, junto aos apóstolos e aos anciãos da Casa do Caminho, pudessem resolver em definitivo aquela questão.

Quando chegaram a Jerusalém, foram recebidos pelos apóstolos e os anciãos da igreja lhes relataram tudo quanto Deus fizera por meio deles. Ao apresentarem o problema causado pela obrigatoriedade da circuncisão, abriu-se o tema para discussão. Alguns fariseus que tinham aderido ao Cristianismo, ainda presos aos ritos do Judaísmo, se levantaram dizendo que era necessário circuncidá-los e mandar-lhes observar a lei de Moisés. Assim, congregaram-se os apóstolos e os anciãos para considerar o assunto. E, havendo grande discussão entre eles, Pedro se levantou e disse-lhes:

— Irmãos, vocês bem sabem que Deus me elegeu para que os gentios ouvissem da minha boca a palavra do Evangelho e cressem em Jesus. Que Ele conhece os corações dos gentios e testemunhou a favor deles, dando-lhes o Espírito Santo – capacidade de desenvolvimento da mediunidade – favorecendo-os com a influência do plano maior, assim como o fez a nós. Agora, por que duvidam de Deus, impondo sobre os novos discípulos uma submissão que nem nossos pais e nem nós pudemos suportar? Todos cremos que somos salvos pela graça do Senhor Jesus, do mesmo modo que eles também.

Depois desse alerta, toda a assembleia se calou. Logo após, Tiago, um dos apóstolos que estava mais voltado ao pensamento de preservação da igreja, diante das perseguições sofridas, buscando a adequação do Cristianismo aos princípios antigos tomando a palavra, disse:

— Simão relatou como primeiramente Deus visitou os gentios para estabelecer entre eles um povo para louvar o Seu nome e com isto concordam com as palavras dos profetas que previram a reedificação do tabernáculo de Davi – resgatando para eles a possibilidade de contato com as leis divinas inscritas na consciência. Desta forma, o que está caído – os interesses espirituais – será levantado para que o resto dos homens – estrangeiros e gentios – busquem ao Senhor.

Por isso, julgo que não se deve perturbar os que se convertem a Deus, nem criar dificuldades para sua permanência junto a nós, e sim, orientá-los para que se abstenham da idolatria e da prostituição, rompendo com os costumes que lesam a consciência, sem culpa improdutiva, mas com o arrependimento que regenera, determinados a seguir as verdades abraçadas, tentando imprimir, tanto quanto cada um de nós, os princípios da fé que abraçamos. Moisés, desde tempos antigos, já tem em cada cidade homens que o preguem e a cada sábado é lido nas sinagogas.

Com aquela intervenção, vinda principalmente de Tiago, o mais rigoroso com as práticas judaicas, pareceu necessário escolher homens dentre eles e enviá-los a Antioquia da Psídia com Paulo e Barnabé. Os indicados foram Judas, chamado Barsabás e Silas, ambos influentes entre os irmãos de fé. E por intermédio deles escreveram a seguinte orientação:

"Aos apóstolos, aos anciãos e aos irmãos dentre os gentios em Antioquia, na Síria e na Cicília, saúde! Ouvimos que alguns dentre nós, aos quais não enviamos, têm perturbado vocês com palavras e orientações, confundindo as vossas almas. Por isto, nos pareceu ser bom escolher alguns homens e enviá-los, de nossa parte, com os nossos amados Barnabé e Paulo. São homens que têm exposto as suas vidas pelo nome de nosso Senhor Jesus Cristo. Seguem portanto, Judas e Silas que os anunciarão as mesmas coisas".

Tendo eles se despedido, desceram para Antioquia e lá chegando, reuniram a assembleia e entregaram a carta. Quando a leram, todos se alegraram pela consolação que aquelas orientações lhes traziam. Depois, Judas e Silas, que também eram médiuns, exortaram os irmãos com muitas palavras e os fortaleceram inspirados pelo plano espiritual. E, demorando-se ali por um bom tempo, sendo depois liberados para partir em paz, de volta a Jerusalém. Mas Silas decidiu ficar ali.

Paulo e Barnabé ficaram em Antioquia, ensinando a palavra do Senhor com muitos outros. Decorridos alguns dias, disse Paulo a Barnabé:

— Voltemos a visitar os irmãos de todas as cidades em que anunciamos a palavra do Senhor, para ver como vão, já que sem um estímulo e continuidade do trabalho, podem perder a fé em Jesus.

Barnabé queria que levassem também a João Marcos, mas em decorrência das experiências anteriores, nas quais ele tinha se separado deles e voltado para Jerusalém no meio de uma viagem, sem acompanhar o trabalho, Paulo não achava razoável que o levassem, pois ele ainda se encontrava despreparado para as lutas que enfrentavam em nome do Mestre. Ocorreu então, entre eles, pela primeira vez, um desentendimento, e perceberam que era a hora de se separarem. Assim, Barnabé iria para outras cidades, levando Marcos com ele, e Paulo, teria a Silas por companheiro de viajem.

Assim, passaram pela Síria e Cilícia, fortalecendo as igrejas.

14.
Timóteo e a Macedônia

Eu escrevia todos esses relatos pela descrição dos que vivenciaram esses fatos, sendo que, em alguns episódios, eu mesmo participei. Assim, nesta viagem em especial, para Derbe e Listra, pude acompanhar Paulo.

Havia um discípulo chamado Timóteo, filho de uma judia cristã e de pai grego, do qual todos os irmãos em Listra e Icônio davam muito boas referências. Paulo quis que o discípulo fosse com ele e o circuncidou para não criar conflitos com os discípulos judeus que estavam nos lugares que visitaria, porque todos sabiam que seu pai era grego.

Quando íamos passando pelas cidades, as decisões que haviam sido tomadas pelos apóstolos e anciãos em Jerusalém eram entregues aos irmãos, para serem observadas. Assim as igrejas eram confirmadas na fé, e dia a dia crescia em número. Atravessamos a região frígio-gálata, tendo sido impedidos, pela intervenção dos espíritos, de anunciar as palavras de Jesus na Ásia. Tendo chegado diante da Mísia, tentávamos ir para Bitínia, mas por meio de outra intervenção, o espírito não nos permitiu continuar por aqueles caminhos.

Então, descemos a Trôade. De noite apareceu a Paulo a visão de um homem da Macedônia, que lhe rogava:

— Venha à Macedônia para nos ajudar.

Procuramos partir logo para a Macedônia, concluindo que Deus nos havia chamado para lhes anunciarmos o Evangelho. Navegamos até Filipos, que é a primeira cidade do distrito da Macedônia, uma colônia romana, na qual estivemos por alguns dias. No sábado, saímos pelas portas da cidade para a beira do rio buscando um lugar de oração e, sentados, falávamos às mulheres ali reunidas. Uma delas, chamada Lídia, era vendedora de púrpura, da cidade de Tiatira, e temia a Deus. Ela nos escutava com atenção e o Senhor lhe abriu o coração para entender as coisas que Paulo dizia. Depois que ela e todos da sua casa foram batizados, rogou-nos:

— Se julgarem que eu sou fiel ao Senhor, entrem em minha casa e se hospedem ali.

E ela, pela forma com que vivia até ali e em função da sua conduta reta, nos intimou a hospedarmos em sua casa.

Certo dia, quando íamos àquele lugar de oração, veio ao nosso encontro uma jovem que tinha um espírito adivinhador e que era explorada por homens interesseiros dando a eles grande lucro. Tocada pelas palavras de Paulo, escolheu seguir-nos pelas ruas, e influenciada por espíritos que lhe direcionavam as faculdades mediúnicas, clamava:

— Estes homens são servos do Deus Altíssimo que nos anunciam um caminho de salvação!

Dizia isto tentando criar um estado de adoração em todos, e assim o fez por muitos dias junto deles. Mas Paulo, perturbado, voltou-se e disse ao espírito que a influenciava:

— Eu ordeno, em nome de Jesus Cristo, que saia dela.

Na mesma hora o espírito abandonou-a. Seus senhores, vendo que a fonte dos seus lucros havia desaparecido, prenderam Paulo e Silas, que eram vistos como os responsáveis diretos pela perda, arrastando-os para uma praça na presença dos magistrados. Apresentando-os, disseram:

— Estes homens, sendo judeus, estão perturbando muito a nossa cidade e pregam costumes que não nos é lícito receber e nem praticar, uma vez que somos romanos.

A multidão levantou-se contra os apóstolos e os magistrados, tentando minorar o problema para que ele não crescesse, procuraram imprimir logo a pena de rasgar-lhes as roupas, açoitá-los muitas vezes com varas e os lançar na prisão. Isto feito, mandaram ao carcereiro que os guardasse com segurança. Ao receber esta ordem, prendeu os seus pés no tronco.

Por volta da meia-noite, Paulo e Silas oravam e cantavam hinos a Deus, enquanto os outros presos os escutavam. De repente houve um grande movimento e barulho terrível, como se fosse um terremoto, que deixou abalados os alicerces do cárcere ao mesmo tempo em que se abriram todas as portas e foram soltos os grilhões de todos os presos, num amplo fenômeno de materialização.

O carcereiro, tendo acordado e vendo abertas as portas da prisão, tirou a espada e ia suicidar-se, supondo que os presos tivessem fugido. Mas Paulo bradou em alta voz, dizendo:

— Não faças nenhum mal, porque nós todos aqui estamos.

Tendo ele pegado a luz, entrou na prisão, todo trêmulo, e se prostrou diante de Paulo e Silas. Em seguida, tirando-os para fora da cela, disse:

— Senhores, o que é necessário fazer para me salvar?

— Crê no Senhor Jesus e estude Seus ensinamentos e assim serás salvo, você e sua casa.

Então, pregaram a palavra de Deus a todos os que ali estavam. O carcereiro, naquela hora da noite, lavou-lhes as feridas. Então os levou para sua casa, serviu-lhes a mesa e alegrou-se muito com toda a sua família, por ter passado a acreditar no Deus único anunciado pelos apóstolos. E ele e todos os seus foram batizados.

Voltaram para a prisão e quando amanheceu, os magistrados mandaram os quadrilheiros para soltá-los sem que ninguém visse. O carcereiro, tomando conhecimento do fato, transmitiu a Paulo a notícia, rogando que partissem em paz. Mas Paulo respondeu-lhe:

— Açoitaram-nos publicamente sem sermos condenados. Mesmo sendo cidadãos romanos, nos jogaram na prisão e agora nos lançam fora, encobertamente? De modo nenhum será assim. Que venham eles mesmos nos tirar daqui.

Os quadrilheiros foram transmitir aos magistrados essas palavras e estes temeram quando ouviram que eles eram romanos. Vieram pessoalmente lhes pedir desculpas e libertando-os, rogavam que se retirassem da cidade.

Ao saírem da prisão, entraram na casa de Lídia, e, vendo os irmãos convertidos, os confortaram e partiram.

15.
Paulo em Tessalônica, Beréia e Atenas

Cada vez mais a lutas ficavam intensas e as perseguições aos cristãos aumentavam. Saindo daquela cidade chegamos a Tessalônica[1], onde havia uma sinagoga dos judeus.

Paulo, segundo o seu costume, foi lá encontrar os judeus e por três sábados discutiu com eles as Escrituras, demonstrando que era necessário que o Cristo padecesse e ressuscitasse dentre os mortos e que o Jesus que ele anunciava era o Cristo das profecias. Alguns deles foram persuadidos e aderiram à mensagem de Paulo e Silas, bem como muitos gregos devotos e várias mulheres de posição na sociedade.

Porém, muitos judeus movidos pela inveja e já informados previamente por outros das pregações de Paulo, reuniram consigo alguns homens maus e vadios, ajuntaram o povo, alvoroçavam a cidade e, assaltando a casa de Jáson, que os hospedara, os procuravam para entregá-los ao povo. Não os achando, arrastaram-no e a mais alguns irmãos à presença dos magistrados da cidade, clamando:

— Aqueles que têm transtornado o mundo com suas ideias chegaram também aqui, e Jáson os acolheu. Todos eles atuam contra os decretos de César, dizendo haver outro rei, que é Jesus.

Assim causaram tumulto na multidão e nos magistrados da cidade, porém, recebida a fiança de Jáson e dos demais, os soltaram.

Nesta noite, os cristãos enviaram Paulo e Silas para Beréia[2] e tendo eles ali chegado, foram à sinagoga dos judeus. Estes eram mais nobres do que os de Tessalônica, porque rece-

---

1 Também conhecida como Salônica, é a segunda maior cidade da Grécia e a principal cidade da região grega da Macedônia.
2 É uma pequena cidade no lado oriental das Montanhas Vermion (norte do Olimpo), onde Paulo de Tarso pregou, e onde as pessoas examinavam as Escrituras para ver se suas pregações eram verdadeiras.

beram a palavra com avidez, examinando diariamente as Escrituras para ver se estas coisas eram mesmo como Paulo falava. Assim, muitos deles acreditaram, bem como bom número de mulheres gregas de alta posição e de homens respeitáveis. Mas, logo que os judeus de Tessalônica souberam que também em Beréia a palavra de Deus era anunciada por Paulo, foram até lá para agitar e sublevar as multidões. Imediatamente os irmãos fizeram Paulo sair até o mar sendo que Silas e Timóteo ficaram ali.

Os que acompanhavam Paulo levaram-no até Atenas, deixado combinado com Silas e Timóteo que eles fossem encontrar com ele o mais depressa possível.

Enquanto Paulo os esperava em Atenas, alimentava em si uma revolta íntima por ver a cidade cheia de ídolos. Todos os dias ele argumentava com os judeus e gregos devotos na sinagoga, bem como com todos que se encontravam na praça. Nestas ocasiões, alguns filósofos epicureus e estoicos[3] disputavam com ele e diziam:

— Que quer dizer este paroleiro? Parece ser pregador de deuses estranhos, pois anuncia a boa nova de um tal Jesus e a Sua ressurreição.

E levando-o ao Areópago[4], para o questionar, diziam:

— Poderemos saber que nova doutrina é essa de que fala? Você nos diz coisas estranhas, portanto queremos saber o que vem

---

3 Durante o período em que permaneceu pregando o evangelho em Atenas, o apóstolo Paulo foi afrontado por alguns filósofos epicureus e estoicos, que começaram a discutir com ele. (N.E.)

4 Era a parte nordeste da Acrópole em Atenas e também o nome do próprio conselho que ali se reunia. Além de supremo tribunal, o conselho também cuidou de assuntos como educação e ciência por algum tempo. (N.E.)

Samuel Gomes

a ser isto.

Todos os atenienses, como também os estrangeiros que ali residiam, de nenhuma outra coisa se ocupavam senão de contar ou de ouvir a última novidade. Paulo, estando de pé no meio do Areópago, entusiasmado por falar para pessoas tão cultas, acreditava que iria converter a muitos. Assim, disse:

— Atenienses, em tudo vejo que são excepcionalmente religiosos porque, passando eu e observando os objetos do seu culto, encontrei também um altar em que estava escrito: "Ao Deus Desconhecido". Esse, pois, que vocês honram sem O conhecer, é O que os anuncio.

Ele fez o mundo e tudo o que nele há, sendo Senhor do céu e da terra. Não habita em templos feitos por mãos de homens, nem tampouco é servido por mãos humanas, como se necessitasse de alguma coisa, pois Ele mesmo é quem dá a vida a todos, desde a respiração a todas as coisas.

De um só homem — simbolizando o marco da humanização pela razão introduzida pelos exilados de capela — fez todas as raças dos homens, para habitarem sobre toda Terra, determinando-lhes que o Cristo estabeleceria o período de mundo de provas e expiações e o de regeneração, para que no primeiro buscassem a Deus identificando-O na matéria, e no segundo para que pudessem identificá-Lo dentro de cada um, porque Nele nos movemos e existimos.

Alguns dos profetas disseram: "Pois dele também somos geração". Sendo nós, pois, geração de Deus, não devemos pensar que a Divindade seja semelhante ao ouro, à prata ou à pedra, esculpida pela arte e imaginação do homem. Mas Deus, passados os tempos da ignorância, permite agora que todos os homens – não só os capelinos, mas também os gentios – passem a ter responsabilidade dentro da lei de causa e efeito, por meio do arrependimento, buscando a reabilitação dos erros perante a consciência e assumindo a responsabilidade de conduzir o próprio destino. Assim, determinou um dia no qual há de julgar o mundo com justiça – expressão dos direitos e deveres expressos na personalidade de João Batista – e em seguida, permitirá que se introduzam na lei do amor e na imortalidade da alma por meio do Seu varão – Jesus.

Até ali, todos o ouviam com atenção e admiração, mas quando falou das curas e fenômenos extraordinários que assemelhava Jesus com os seus deuses, principalmente sobre a Sua ressurreição de mortos, uns escarneciam, e outros ironizavam.

Assim Paulo saiu do meio deles, decepcionado com a recepção à doutrina de Jesus. Todavia, alguns homens acreditaram, entre os quais Dionísio, o areopagita[5], uma mulher por nome Dâmaris, e com eles outros conseguiram firmar um pequeno grupo para estudar o Evangelho.

---

5   O Areopagita ou simplesmente Pseudo-Dionísio é o nome pelo qual é conhecido o autor de um conjunto de textos que exerceram, segundo os historiadores da filosofia e da arte, uma forte influência em toda a mística cristã ocidental na Idade Média. (N.E.)

Samuel Gomes

16.
Paulo em Corinto e na Síria

Paulo partiu para Corinto e ali, conheceu um judeu chamado Áquila[1], que pouco antes viera da Itália, junto com Priscila, sua mulher. Eles tiveram que partir de Roma porque Cláudio[2] tinha decretado que todos os judeus saíssem de lá. Como eles eram fabricantes de tendas, assim como Paulo, ele foi procurá-los e passou a trabalhar e a morar com eles. Paulo frequentava a sinagoga todos os sábados e tentava persuadir os judeus e gregos sobre as verdades do Evangelho.

Quando Silas e Timóteo se juntaram a Paulo, ele se dedicou inteiramente à divulgação das palavras de Jesus. Como eles não aceitavam essas ideias e proferissem injúrias, ele abriu mão de convencê-los, percebendo que se achavam muito fechados.

Mas vendo nas pessoas mais simples uma abertura para conhecerem Jesus, disse aos judeus que não acreditavam no Evangelho:

– O seu sangue seja sobre a sua cabeça – vocês são responsáveis pelas suas escolhas e pelo orgulho que alimentam – eu estou limpo – não tenho responsabilidade pelas suas escolhas – e desde agora vou dedicar a instruir os gentios.

Tempos depois, entrou em casa de um homem temente a Deus, chamado Tito Justo[3], cuja casa ficava junto da sinagoga. Crispo, um dos chefes da sinagoga de Corinto, acreditou no

---

1 Áquila e Priscila foram considerados como integrantes do grupo dos Setenta Discípulos. Estão entre os primeiros divulgadores do Evangelho. (N.E.)
2 Tibério Cláudio Nero César Druso que sucedeu Calígula e antecedeu Nero, teria editado um Decreto expulsando os judeus de Roma, entre os anos de 49 e 50 da era cristã. (N.E.)
3 Tito estava com Paulo e Barnabé em Antioquia e os acompanhou no Concílio de Jerusalém. Ele está listado como um dos Setenta Discípulos. (N.E.)

Senhor Jesus, bem como todos da sua casa. Nas pregações de Paulo muitos dos coríntios, ao ouvirem o que ele ensinava, acreditavam e eram batizados. Paulo se confortava com estas conquistas do Cristianismo.

Certa noite, numa visão do espírito de Estêvão, que fora orientado por Jesus, ele ouviu:

— Não tenha medo, não se cale, mas divulgue minha palavra, porque estou com você e ninguém lhe fará mal, pois tenho muitos seguidores nesta cidade.

Depois dessa orientação de Jesus, Paulo ficou ali um ano e seis meses, ensinando entre eles a palavra de Deus, mas os judeus, de comum acordo contra Paulo, o levaram ao tribunal do procônsul da Acaia[4], Gálio, dizendo:

— Este homem persuade os demais a render culto a Deus de um modo contrário à lei.

Quando Paulo estava para abrir a boca e se defender, disse Gálio aos judeus:

— Se de fato houvesse algum agravo ou crime perverso envolvendo este homem, com razão eu os ouviria, mas, se são questões de palavras, de nomes, e da sua lei eu não quero ser juiz destas coisas. Cuidem disto vocês mesmos. E expulsou-os do tribunal.

Em sua raiva e frustação os judeus agarraram Sóstenes, interlocutor responsável por acusar Paulo, e o principal da sinagoga

---

4 Era uma província romana senatorial, isenta da obrigação de fornecer homens e legiões para o exército romano, e uma das províncias que contavam com o maior prestígio entre os senadores romanos, que disputavam o cargo de seu governador. (N.E.)

Samuel Gomes

de Corinto, e o espancaram diante do tribunal. Gálio não se importava com nenhuma dessas coisas.

Após ficar ainda ali por muitos dias, Paulo se despediu dos irmãos e navegou para a Síria, levando com ele Priscila e Áquila. Ao chegarem a Éfeso, Paulo os deixou e, procurando por uma sinagoga, passou a discutir o Evangelho com os judeus. Eles gostaram tanto do que ele dizia que rogaram que ficasse por mais algum tempo em Éfeso, mas ele não concordou, e se despediu deles, dizendo que, se Deus quisesse, ele de novo voltaria.

Partiu e passou por várias cidades e aldeias fortalecendo a todos os discípulos e cristãos com suas palavras e curas

Nesse meio tempo, chegou a Éfeso um judeu chamado Apolo, natural de Alexandria, homem eloquente e poderoso nas Escrituras. Era ele instruído nos caminhos de Jesus e, sendo fervoroso de espírito, falava e ensinava com precisão as coisas que diziam respeito a Ele, mesmo só conhecendo pessoalmente o batismo de João. Ele falou ousadamente na sinagoga e quando Priscila e Áquila o ouviram, levaram-no consigo e lhe falaram de todo o ocorrido no caminho de Deus. Ele quis ir até Acáia e os irmãos o incentivaram. Eles escreveram aos discípulos de lá para que o recebessem. Chegando lá, auxiliou muito aos que já acreditavam em Jesus, pois refutava publicamente os judeus com grande poder, demonstrando, pelas Escrituras, que Jesus era o Cristo.

Firmava-se, então, um dos mais eficazes divulgadores do Cristianismo.

17.
Paulo em Éfeso e na Ásia

Enquanto Apolo estava em Corinto, Paulo, tendo atravessado as regiões mais altas, chegou a Éfeso e, achando ali alguns discípulos, perguntou-lhes:

— Vocês receberam a inspiração do Espírito Santo quando se converteram a Jesus?

— Não, nem sequer ouvimos falar sobre o Espírito Santo.

— Como vocês foram batizados, então?

— No batismo de João.

— João administrou o batismo do arrependimento — dentro dos padrões da justiça — dizendo ao povo que acreditasse Naquele que viria após ele, isto é, em Jesus. Agora vocês serão batizados em nome do Senhor Jesus — dentro dos padrões da misericórdia e do amor.

Depois desses esclarecimentos, Paulo impôs as mãos sobre eles, orou rogando a presença dos espíritos que integravam o grupo do Espírito Santo e muitos deles se fizeram presentes. Os que ali estavam, sob o efeito da ampliação das percepções mediúnicas, passaram a falar em outras línguas e a profetizar. Eles eram ao todo uns doze homens.

Pelo espaço de três meses Paulo falou destemidamente na sinagoga, persuadindo os judeus a acreditarem nas verdades apresentadas por Jesus, mas como alguns deles endurecessem e não aceitassem, falando mal do movimento cristão diante da multidão, afastou-se deles. Passou então, diariamente, a discutir na escola de Tirano[1], em separado, com os discípulos. Esse trabalho durou dois anos e

---

1 Escola fundada por Paulo em sua terceira viagem missionária, na cidade de Éfeso, tinha por objetivo preparar homens para a obra de evangelização e o pastorado na região da Ásia.

foi tão bem sucedido que todos os que habitavam na Ásia, tanto judeus como gregos, ouviram a palavra do Senhor.

Pelas mãos de Paulo, Deus fazia fenômenos extraordinários para a percepção comum dos homens, por meio de trocas fluídicas e energéticas que eram levadas do seu próprio corpo aos dos enfermos sob o amparo da espiritualidade, e as doenças os deixavam e se afastavam deles os espíritos malignos.

Diante dessas curas, os sete filhos de Ceva, judeu e um dos principais sacerdotes, que atuavam como exorcistas ambulantes, tentavam invocar o nome de Jesus sobre os que tinham espíritos malignos, dizendo:

— Esconjuro vocês por Jesus a quem Paulo prega.

Respondendo, porém, o espírito maligno, dizia:

— Conheço a Jesus, e bem sei quem é Paulo, mas vocês, quem são?

Então o homem, no qual estava o espírito maligno, e que comandava uma falange de espíritos inferiores, voltou-se sobre eles, apoderou-se de dois exorcistas e prevaleceu contra eles, de modo que, nus – de recursos morais – e feridos na consciência, fugiram daquela casa – aqui fazendo referência à casa mental dos que se deixam levar pelas emoções inferiores afastando-se dos trabalhos do bem.

Sob a ação e compreensão das realidades espirituais os apóstolos libertaram todos daquelas influências. Esse fato se tornou conhecido de todos os que moravam em Éfeso, tanto judeus como gregos, vindo grande temor sobre todos eles, e o nome do Senhor Jesus era engrandecido.

Com isto, muitos dos que praticavam artes mágicas ajuntaram

os seus livros e os queimaram na presença de todos. Esse fato causou espanto porque o valor deles montava a cinquenta mil moedas de prata.

Após realizar estas coisas, Paulo se propôs a ir para Jerusalém, pois começava a sentir os limites de suas forças físicas. Assim organizou sua próxima volta, mencionando que lhe era necessário ir também a Roma.

Havia um homem, chamado Demétrio, que fazia miniaturas de prata do templo de Diana, em Éfeso, e os vendia, proporcionando expressivo negócio aos artífices que as fabricavam para ele. Certo dia, os reuniu, bem como aos oficiais de obras semelhantes, e disse:

— Senhores, vocês bem sabem que desta indústria nos vem a prosperidade, e estão cientes também de que, não é só em Éfeso, mas em quase toda a Ásia, este Paulo tem persuadido e desviado muita gente dos templos, dizendo não serem deuses os que são feitos por mãos humanas. E não há perigo somente de que esta nossa profissão caia em descrédito, mas também que o templo da grande deusa Diana seja totalmente desconsiderado, vindo mesmo a ser destituída da sua majestade aquela a quem toda a Ásia e o mundo adoram.

Ao ouvirem isso, todos ficaram cheios de ira e gritavam para todos ouvirem que Diana era a grande deusa dos efésios. Incentivada por sua revolta, a cidade encheu-se de confusão e todos correram ao teatro onde Gaio e Aristarco, companheiros de Paulo na viagem, pregavam e os agarraram. Ao saber desta ocorrência, Paulo quis se apresentar ao povo, mas os discípulos não permitiram, bem como alguns amigos que ali estavam lhe rogaram que não se arriscasse a ir ao teatro.

No teatro, a assembleia estava em confusão, uns gritavam de um modo, outros de outro e a maior parte deles nem sabia por que tinham se ajuntado. Certa hora, tiraram um homem dentre a turba e os judeus o impeliram para frente. Ele se chamava Alexandre e, acenando com a mão, queria apresentar uma defesa ao povo. Mas quando perceberam que ele era judeu, todos começaram a gritar a uma só voz, por quase duas horas:

— Grande é a Diana dos efésios!

Após esse tempo, tendo o escrivão conseguido apaziguar a turba, disse:

— Prestem atenção, que homem há que não saiba que a cidade dos efésios é a guardadora do templo da grande deusa Diana e da imagem que caiu de Júpiter? Ora, se estas coisas não podem ser contestadas, convém que vocês se aquietem e nada façam precipitadamente. Porque estes homens que vocês agarraram e aqui trouxeram, não são sacrílegos e nem blasfemadores da nossa deusa. Todavia, se Demétrio e os artífices que estão com ele têm alguma queixa contra alguém, os tribunais estão abertos para registrá-la e há procônsules para isto. Que se acusem formalmente uns aos outros. E se há alguma demanda com outra coisa, isto será averiguado em legítima audiência. Pois até corremos perigo de ser acusados de sedição pelos acontecimentos de hoje, não havendo motivo algum com que possamos justificar esse ajuntamento.

E, tendo dito isto, despediu a assembleia.

18.
Paulo na Macedônia, na Grécia e em Éfeso

Depois de ficar ali por três meses, Paulo determinou voltar pela Macedônia porque os judeus haviam armado uma cilada contra ele quando ia embarcar para a Síria. Nesta viagem, vários irmãos o acompanharam e se dividiram em rotas que passavam por várias cidades.

Depois dos dias dos pães ázimos, eu e alguns companheiros navegamos de Filipos para Trôade, onde nos detivemos por sete dias, e fomos encontrar com Paulo e outros irmãos que com ele viajavam. No primeiro dia da semana, ao nos reunirmos a fim de partir o pão, Paulo, que sairia no dia seguinte, prolongou o seu discurso até a meia-noite. No cenáculo onde estávamos reunidos havia muitas luzes, e estava ali certo jovem, chamado Êutico, assentado na janela que, tomado de um cansaço profundo e vencido pelo sono caiu do terceiro andar, e foi levantado morto. Paulo desceu, debruçou-se sobre ele e abraçando-o, disse:

— Não se perturbem, pois a sua alma ainda está nele e os elos que o ligam ao corpo ainda possuem energia de vida.[1]

Na queda, os espíritos atuaram de forma a anestesiar e recuperar, pelo tratamento citoplásmico, as condições naturais do corpo utilizando Paulo como médium de cura. Contornada a situação, subiram, se alimentaram em breve pausa e Paulo ainda lhes falou até o romper do dia e depois partiu. O jovem estava vivo e todos ficaram muito consolados.

Como combinado, tomando à dianteira, navegamos para Assôs[2], onde devíamos esperar por Paulo, pois ele viria por terra.

---

1 Os espíritos atuaram de forma a anestesiar e recuperar, pelo tratamento citoplásmico, as condições naturais do corpo e Paulo pode ter servido de médium de cura. (Nota do médium)
2 Também conhecida por Behram, é uma pequena cidade historicamente rica, situada na Turquia (a sul da Península de Biga), mais conhecida pelo antigo nome de Trôade. (N.E.)

Muitas das cidades onde foram abertas as igrejas precisavam da sua orientação, mas ele, já não podendo ir já de muito tempo, passou a lhes orientar por cartas. E assim prosseguiu sua viagem nos alcançando a bordo do navio e dali fomos navegando até chegar a Mileto, após alguns dias.

Paulo desejava se apressar para estar em Jerusalém no dia de Pentecostes. De Mileto mandou chamar os anciãos da igreja de Éfeso. E, tendo eles chegado, disse-lhes:

— Bem sabem de que modo tenho me comportado entre vocês desde o primeiro dia em que entrei na Ásia, servindo a Jesus com toda a humildade, suportando com lágrimas e provações as ciladas dos judeus. Não me esquivei de anunciar coisa alguma que seja útil, ensinando publicamente e testificando, tanto a judeus como a gregos, o arrependimento para com Deus e a fé em nosso Senhor Jesus.

Agora, meu espírito se sente constrangido a voltar para Jerusalém, não sabendo o que ali acontecerá, senão o que o Espírito Santo tem testificado, dizendo que me esperam prisões e tribulações. Minha vida não é preciosa para mim, contanto que complete a minha carreira e o ministério que recebi do Senhor Jesus. Sei que nenhum de vocês jamais tornará a ver o meu rosto, portanto, no dia de hoje, afirmo que estou limpo do sangue de todos – estou livre do compromisso de fazer circular entre vocês a Boa Nova.

Cuidem de si mesmos e de todo o rebanho sobre o qual o Espírito Santo os constituiu pastores, para amparar a igreja que Ele adquiriu com Seu próprio sangue. Eu sei que depois da minha partida entrarão lobos cruéis que não pouparão o rebanho, no intuito de modificar a essência divina de suas escrituras, e que dentre vocês mesmos se levantarão homens, falando coisas perversas para atrair os discípulos para si. Portanto vigiem, lembrando de que, por três anos, não cessei noite e dia de chamar à razão, com lágrimas, a cada um de vocês. Agora encomendo a Deus e à Sua graça, Àquele que é poderoso para edificá-los e dar herança entre todos os que estão santificados.

Não cobicem a prata, nem o ouro, nem as vestes de ninguém, pois nenhum dinheiro poderá comprar nossas consciências perante Jesus. Vocês sabem que minhas mãos proveram as minhas necessidades e as dos que estavam comigo. Em tudo lhes dei o exemplo de que, assim trabalhando, é necessário socorrer os enfermos, recordando as palavras do Senhor Jesus que disse que a coisa mais bem-aventurada é dar e não receber.

Dizendo isto, pôs-se de joelhos, e orou com todos eles. Um grande pranto veio de todos que, escutando aquele presságio, lançaram-se ao pescoço de Paulo, beijando-o. Estavam tristes, principalmente pelas palavras que dissera sobre o fato de que não veriam mais o seu rosto.

19.
Novas viagens até Jerusalém

Navegamos até chegar a Tiro, pois o navio deveria ser descarregado ali durante um período. Descemos, procuramos os discípulos daquela cidade e permanecemos com eles por sete dias. Eles, já sabendo dos fatos e vendo que poderiam usufruir mais um pouco de Paulo, queriam adiar o processo da morte dele e, sob inspiração do Espírito Santo, diziam a Paulo que não fosse para Jerusalém – os amigos espirituais, já sabendo dos fatos e vendo que Paulo tinha possibilidades de plantar a semente do Evangelho, apenas adiaram o processo da morte dele. Não atendendo aos seus apelos, fomos para o porto para seguir viagem sendo acompanhados por todos os irmãos com suas mulheres e filhos, até a praia. Oramos de joelhos, nos despedimos e embarcamos.

Ficamos por muitos dias na casa de Felipe[1], divulgador atuante do Evangelho, que era um dos sete homens a quem se creditava cheios de espírito e de sabedoria. Ele tinha quatro filhas virgens que eram portadoras de mediunidade, com sensibilidade para se comunicar com os espíritos.

Certo dia, desceu da Judeia um profeta chamado Ágabo que ao nos encontrar, tomou a cinta de Paulo e, amarrando os seus próprios pés e mãos, disse:

– O Espírito Santo diz que assim os judeus amarrarão em Jerusalém o homem a quem pertence esta cinta e o entregarão nas mãos dos gentios.

Novamente estava afirmado o fim da existência de Paulo. Quan-

---

1 Filipe, o Evangelista, foi um missionário cristão do século I e um dos Setenta Discípulos. Ele é citado diversas vezes em Atos dos Apóstolos, mas não deve ser confundido com Filipe (apóstolo). Junto com Estêvão, era um dos sete homens acreditados, cheios de espírito e de sabedoria, escolhidos para a distribuição de alimentos entre as viúvas cristãs em Jerusalém. (N.E.)

do ouvimos isto, todos nós rogamos, mais uma vez, que ele não fosse até Jerusalém, mas Paulo respondeu:

— Que fazem chorando e magoando o meu coração? Eu estou pronto para ser amarrado e mais ainda, a morrer em Jerusalém pelo nome de Jesus.

E, como não se deixasse persuadir, dissemos:

— Faça-se a vontade do Senhor!

Ao chegarmos a Jerusalém, os irmãos nos receberam alegremente. As emoções eram vivas e fortes e ainda hoje é difícil escrever estas linhas. No dia seguinte Paulo foi, em nossa companhia, encontrar-se com Tiago e todos os anciãos. Após saudá-los, Paulo contou-lhes uma por uma as coisas que Deus fizera entre os gentios por meio do seu ministério. Ouvindo isto, eles glorificaram a Deus, e disseram-lhe:

— Podemos ver quantos milhares há entre os judeus que têm se convertido à Jesus, pois todos são zelosos da lei. Fomos informados que ensina todos os judeus que estão entre os gentios a se afastarem de Moisés, dizendo que não circuncidem seus filhos e nem andem segundo os costumes da lei judaica. Que se há de fazer? Os judeus mais radicais que estão em nossas fileiras certamente saberão que você chegou. Faça, então, o que vamos orientar para que todos saibam que é falso aquilo que tem sido informado a seu respeito e que também você mesmo anda corretamente, guardando a lei. Temos quatro homens que fizeram voto de trabalho pelo Cristo. Toma estes contigo, se santifique com eles, e faça com que rapem a cabeça — tirem os condicionamentos que mantêm os conhecimentos rígidos do passado, buscado maior flexibilidade em novas bases de entendimento. Quanto aos gentios que têm se convertido, já demos o parecer de que deixem de realizar sacrifícios aos ídolos, ofertas pelo sangue e da prostituição.

No dia seguinte, seguindo estas orientações, Paulo e aqueles homens se purificaram e entraram no templo – mostrando a todos o cumprimento dos dias da purificação, pelo sacrifício que deveria passar – dar o seu testemunho em nome de Jesus – e assim ser feita a respectiva oferta – sua própria vida – deixando o exemplo vivo do verdadeiro discípulo de Jesus.

Mas quando os sete dias da purificação estavam quase terminando, alguns judeus da Ásia que o conheciam, vendo-o no templo, agitaram todo o povo contra ele e agarraram-no, clamando:

— Povo de Israel prestem atenção! Este é o homem que por toda parte ensina a todos contra o povo judeu, contra a nossa lei, e contra este lugar. Além disso, introduziu gregos no templo, e tem profanado este santo recanto.

Como eles tinham visto Paulo andando na cidade na companhia do grego Trófimo, de Éfeso, pensavam que Paulo o introduzira no templo. Revoltou-se toda a cidade contra ele e, no ajuntamento do povo, o agarraram, arrastando-o para fora. Quando procuravam matá-lo, chegou ao comandante da corte a notícia de que Jerusalém estava em grande confusão. Este, levando consigo soldados e centuriões, correu logo até eles que, ao verem o comandante e os soldados, pararam de espancá-lo.

O comandante prendeu-o e mandou que fosse acorrentado, perguntando quem era ele e o que tinha feito. Da multidão uns gritavam de um modo, outros de outro, e não podendo ele saber a verdade por causa do alvoroço, mandou conduzi-lo à fortaleza. Chegando às escadas, ele foi carregado pelos soldados por causa da violência da turba, pois a multidão o seguia exigindo que fosse morto.

Quando estava para entrar na fortaleza, Paulo disse ao comandante:

— Posso dizer alguma coisa?

— Você fala o grego? Não é, porventura, o egípcio[2] que há poucos dias fez uma sedição e levou ao deserto os quatro mil sicários?

— Eu sou judeu, natural de Tarso, cidade importante da Cilícia. Rogo-lhe que me permita falar ao povo.

---

2 Esse misterioso personagem se proclamava um "enviado de Deus", e apareceu na Judeia no tempo do governador Marco Antônio Félix, arrebanhando um grande número de pessoas e as levando para o Monte das Oliveiras, onde haveriam de presenciar um milagre: as muralhas de Jerusalém se desmantelariam, abrindo um caminho para a entrada triunfal de Yahweh, que viria para estabelecer seu reino na Terra.

Samuel Gomes

20.
Paulo em Jerusalém

Com a permissão do comandante, Paulo, em pé na escada, fez sinal ao povo com a mão e, feito grande silêncio, falou em língua hebraica:

— Irmãos, ouvi a minha defesa, que agora faço perante vocês.

Quando ouviram que ele lhes falava em língua hebraica, guardaram silêncio maior ainda. E ele prosseguiu:

— Eu sou judeu, nascido em Tarso da Cilícia, mas criado nesta cidade, instruído aos pés de Gamaliel, doutor da lei, conforme a precisão da lei de nossos pais, sendo cuidadoso seguidor de Deus, assim como são todos vocês no dia de hoje.

Eu persegui os homens e mulheres da Casa do Caminho até a morte, algemando-os e metendo-os em prisões, fatos dos quais o sumo sacerdote me é testemunha e também todo o conselho dos anciãos. Recebi deles autorização para seguir até Damasco, com o objetivo de trazer algemados a Jerusalém aqueles cristãos que ali estivessem, para que fossem castigados.

Assim, com todos ouvindo atentamente, Paulo contou tudo o que lhe aconteceu no caminho de Damasco, de toda a preparação que fez para divulgar os ensinos do Cristo, da sua volta para Jerusalém, da dificuldade dos irmãos cristãos em o aceitarem, dos desafios das primeiras pregações em Jerusalém e da fala de Jesus diante deste impedimento, esclarecendo que Ele o enviaria para longe, a pregar para os gentios.

Ao mencionar os gentios, considerados por eles como seres muito inferiores, os que o escutavam com certo respeito, levantaram a voz e gritaram:

— Tirem do mundo este homem, porque não convém que ele viva!

Criaram um tumulto tão grande para pegá-lo que o comandante mandou que levassem Paulo para dentro da fortaleza, ordenando que fosse interrogado debaixo de açoites, para saber que causas tinham contra ele. Já na prisão, com os pés e mãos atados por correias, disse Paulo ao centurião que ali estava:

— É lícito vocês açoitarem um cidadão romano, sem ele ser condenado?

Ouvindo isto, o centurião foi ter com o comandante e o avisou, dizendo:

— Veja bem o que você vai fazer, pois o prisioneiro é romano.

O comandante desceu imediatamente à prisão e perguntou-lhe:

— Diga-me, você é realmente um cidadão romano?

— Sim, eu sou.

— Eu também adquiri este direito de cidadão por grande soma de dinheiro.

— Mas eu o sou de nascimento.

O comandante e aqueles que iam açoitá-lo para interrogar, sabendo que Paulo era romano, ficaram aterrorizados por ter maltratado um romano, pois isto era crime grave. No dia seguinte, querendo saber ao certo de que os judeus o acusava, soltou-o das correias e mandou que se reunissem os principais sacerdotes e todo o sinédrio. Trazendo Paulo, apresentou-o diante deles.

Paulo fitando os olhos no sinédrio, disse:

— Meus irmãos, até o dia de hoje tenho andado diante de Deus com a consciência reta.

Mas o sumo sacerdote, também chamado Ananias, mandou aos que estavam perto de Paulo que o ferissem na boca na tentativa de calar a mensagem do Cristo. Então Paulo lhe disse:

— Cada um recebe de volta aquilo que faz ao outro, assim o reflexo de Deus o ferirá. Você quer me julgar segundo a lei, mas agindo contra esta lei, manda que eu seja ferido?

Os que estavam ali disseram:

— Você tem a coragem de insultar o sumo sacerdote de Deus?

— Não sabia que ele é o sumo sacerdote, pois conheço a lei que diz para não pronunciar nenhum mal do príncipe do seu povo — para não sintonizar com os princípios da ignorância que está dentro de cada um de nós.

Paulo sabia que uma parte dos que o ouviam era de saduceus e outra de fariseus e conhecia o fato de que seus princípios se achavam em contradições. Argumentou, então, no sinédrio:

— Irmãos, eu sou fariseu, filho de fariseus e é por causa da esperança da ressurreição dos mortos que estou sendo julgado.

Depois que ele disse isto, surgiu grande discórdia entre os fariseus e saduceus que ali estavam, e a multidão se dividiu. O grande problema foi levantado porque os saduceus dizem que não há ressurreição, nem anjo, nem espírito, mas os fariseus reconhecem todas estas coisas. Após muita discussão, alguns fariseus se levantaram dizendo:

— Não achamos nenhum mal neste homem. E se algum espírito ou anjo lhe falou, não resistamos a Deus.

Nesta hora os desentendimentos chegaram a tal ponto que o comandante, temendo que Paulo fosse morto por eles, mandou que os soldados o tirassem dali e o levasse de volta para a fortaleza.

Na noite seguinte, Jesus Se apresentou a ele e disse:

— Tenha bom ânimo porque, como você deu testemunho de mim em Jerusalém, assim é necessário que o dê também em Roma.

Na manhã seguinte, mais de quarenta judeus se uniram e juraram, sob pena de maldição, que não comeriam nem beberiam nada enquanto não matassem Paulo, e foram se encontrar com os principais sacerdotes e anciãos, dizendo:

— Juramos, sob pena de recebermos uma maldição, que não comeremos coisa alguma até que matemos Paulo. Agora, que o sinédrio peça ao comandante que o mande descer perante as autoridades de nosso povo para que examinem com mais precisão a sua causa, e antes que ele chegue aqui, nós estamos prontos para matá-lo.

Mas o filho da irmã de Paulo, tomando conhecimento da cilada, entrou na fortaleza e avisou a ele que, chamando um dos centuriões, disse:

— Leva este moço ao comandante, porque ele tem uma coisa importante a lhe comunicar.

O centurião o levou à presença do comandante e assim que teve autorização para falar, disse:

— O preso Paulo me pediu que trouxesse à sua presença este moço, pois ele tem alguma coisa a dizer.

O comandante, retirando-se à parte lhe perguntou em particular:

— O que é que você tem a me contar?

— Os judeus combinaram lhe pedir que amanhã mande Paulo descer ao sinédrio como se tivessem de perguntar com mais exatidão algo a seu respeito. Não se deixe persuadir por eles porque, mais de quarenta homens dentre eles, armaram uma cilada para matá-lo e juraram não comer nem beber até que o tenham assassinado. Estão agora esperando a sua promessa.

O comandante despediu o moço, ordenando-lhe que não dissesse a ninguém o que lhe havia contado. Chamando dois centuriões, disse:

— Aprontem duzentos soldados de infantaria para a terceira hora[1] da noite, setenta de cavalaria e duzentos lanceiros para irem até Cesareia. Aparelhem um cavalo para Paulo a fim de o levarem salvo ao governador Félix.

E escreveu-lhe uma carta nestes termos: "De Cláudio Lísias, ao excelentíssimo governador Félix[2], saúde! Este homem que lhe envio foi preso pelos judeus e estava a ponto de ser morto por eles quando eu, ao saber que era romano, o prendi e o livrei. Querendo saber por que o acusavam, levei-o ao sinédrio e percebi que era acusado de questões da lei dos judeus, mas que não cometeu nenhum crime digno de morte ou prisão. Quando fui informado que haveria uma cilada contra ele, logo o enviei, intimando os acusadores que se manifestem contra ele perante ti. Passe bem!".

Os soldados fizeram conforme lhes fora mandado, tirando Paulo

---

1 Pode estar se referindo à Terceira Vigília – das 24h às 3h, segundo alguns pesquisadores, ou das 2h às 6h da manhã. (N.E.)
2 Marco Antônio Félix governou a província romana da Judeia, entre os anos 52 e 60 da era comum, na condição de procurador. (N.E.)

da cidade à noite indo até Antipátride.[3] Mas no dia seguinte, deixando-o com os soldados da cavalaria, voltaram à Jerusalém. Os demais, logo que chegaram a Cesareia e entregaram a carta ao governador, apresentaram-lhe o prisioneiro. Lendo a carta, o governador procurou saber de que província era Paulo e, sabendo que era da Cilícia, disse:

— Vou ouvi-lo quando também chegarem os seus acusadores.

Ordenou que ele fosse guardado no pretório de Herodes. Cinco dias depois o sumo sacerdote Ananias chegou com alguns anciãos e certo orador, Tertulo, e juntos fizeram queixa contra Paulo perante o governador. Sendo este chamado, Tertulo começou a acusá-lo, dirigindo-se ao governador:

— Através de sua administração gozamos de muita paz e por sua providência são continuamente feitas reformas nesta nação e, por isto, o reconhecemos com toda a gratidão e em todos os lugares, ó excelentíssimo Félix! Mas, para que não se detenha muito, rogo que nos ouças por um momento com toda a sua imparcialidade. Consideramos que este homem é uma peste, promotor de rebelião entre todos os judeus por todo o mundo e chefe da seita dos nazarenos. Ele tentou profanar nosso templo e por isto nós o prendemos e, conforme a nossa lei, quisemos julgá-lo. Mas o comandante Lísias o tirou de nossas mãos com grande violência, mandando que viéssemos à sua presença. Ao examiná-lo poderá se certificar de tudo aquilo de que o acusamos

Félix fez sinal para que Paulo falasse em sua defesa e assim ele disse:

— Governador, eu sei que há muitos anos é juiz sobre esta nação

---

3 Está localizada entre Cesareia e Lida, junto à grande via romana da Cesareia para Jerusalém. (N.E.)

Samuel Gomes

e com bom ânimo faço a minha defesa. Poderá verificar que não há mais de doze dias cheguei a Jerusalém para adorar e que não me acharam no templo discutindo com alguém nem causando revolta junto ao povo, tanto nas sinagogas quanto na cidade. Não poderão ser provadas as coisas de que agora me acusam. Mas confesso que, seguindo o caminho a que eles chamam de seita do nazareno, assim sirvo ao Deus de nossos pais, crendo tudo quanto está escrito na lei e nos profetas dos judeus. Assim como eles mesmos, espero também que haverá ressurreição tanto dos justos como dos injustos. Por isso procuro manter minha consciência sem ofensas diante de Deus e dos homens.

Por vários anos trouxe à minha nação esmolas e ofertas. Estava ocupado no templo com estas coisas quando me acharam, não em ajuntamento e nem com tumulto. Os judeus que aqui comparecem devem me acusar se tiverem alguma coisa contra mim e provem que cometi alguma perversidade quando compareci perante o sinédrio e afirmei crer na ressurreição dos mortos, que traz a comprovação da imortalidade da alma. É por isto que estou sendo julgado.

Félix, que estava bem informado a respeito dos trabalhadores do Caminho, adiou a questão, dizendo:

— Quando o comandante Cláudio Lísias voltar, então tomarei inteiro conhecimento da vossa causa.

Determinou que Paulo ficasse detido, mas fosse tratado com brandura e que a nenhum dos seus proibisse de visitá-lo e servi-lo. Alguns dias depois, Félix, com sua mulher Drusila que era judia, mandou chamar Paulo e o ouviu falar da fé em Cristo Jesus. Ele falou sobre a justiça, o domínio de si mesmo e o juízo futuro que aguarda a todos. Félix ficou atemorizado e respondeu:

— Por ora, vai e aguarda. Quando tiver ocasião favorável, eu o chamarei.

Félix esperava que, nesse meio tempo, Paulo lhe desse dinheiro, pois era cidadão romano de família rica, e mandava chamá-lo com frequência para conversar com ele e sondá-lo. Mas passados dois anos e nada acontecendo, Félix teve por sucessor Pórcio Festo que, querendo agradar aos judeus, deixou Paulo preso.

Três dias após assumir a província de Cesareia, Festo foi a Jerusalém e lá os principais sacerdotes e os mais eminentes judeus fizeram-lhe uma queixa contra Paulo, rogando o favor de mandá-lo para Jerusalém, pois tinham a intenção de armar ciladas para o matarem no caminho. Festo esclareceu que Paulo estava detido em Cesareia e que ele mesmo brevemente voltaria para lá. Pediu para que eles descessem em sua companhia e, em caso de haver algum crime, acusarem-no. Após alguns dias ele voltou para Cesareia e logo no dia seguinte, diante do tribunal, mandou trazer Paulo. Os judeus que haviam descido de Jerusalém apresentaram contra ele muitas e graves acusações, mas nenhuma que pudessem provar.

Porém, ao ouvi-los e recebendo autorização para falar, Paulo respondeu em sua defesa:

— Não tenho pecado em coisa alguma, nem contra a lei dos judeus, nem contra o templo, nem contra César.

Todavia, Festo queria agradar aos judeus e disse a Paulo:

— Queres subir a Jerusalém e ali ser julgado perante mim acerca destas coisas?

— Estou perante o tribunal de César, onde devo ser julgado. Nenhum mal fiz aos judeus, como você sabe muito bem. Se sou malfeitor e cometi alguma coisa digna de morte, não recuso morrer, mas se não há nada daquilo de que estes me acusam, ninguém me pode entregar a eles. Apelo para César.

— Apelaste para César, para César você irá.

Passados alguns dias, o rei Agripa II e Berenice[4] vieram a Cesareia em visita de saudação a Festo. Como se demorassem ali por muitos dias, Festo expôs ao rei, em detalhes, o caso de Paulo. Agripa manifestou seu interesse em ouvi-lo, no que foi plenamente atendido.

No dia seguinte Agripa e Berenice se apresentaram com muito aparato, entrando no auditório com os chefes militares e principais homens da cidade. Por ordem de Festo, Paulo foi trazido. Assim que ele chegou, disse Festo:

— Rei Agripa e todos que estão presentes conosco, este homem é por quem uma multidão dos judeus, tanto em Jerusalém como aqui, recorreu a mim, clamando para que ele não vivesse mais. Eu não acho que ele tenha praticado qualquer coisa digna de morte e tendo ele apelado para o imperador, resolvi trazê-lo à suas presenças. Não me parece razoável enviar um preso e não notificar as acusações que há contra ele. Por isso o trouxe perante ti, rei Agripa, para que depois de feito o seu interrogatório, eu tenha alguma coisa que escrever.

---

4 Berenice, ou, segundo algumas versões, Bernice, também chamada Júlia Berenice foi envolvida por rumores de que havia se tornado amante de seu irmão Agripa II. (N.E.)

21.
Últimos momentos da vida de Paulo

Agripa autorizou a Paulo fazer a sua defesa. Este, pensando que poderia mais uma vez apresentar o Mestre àqueles corações, começou:

— Sinto-me feliz, ó rei Agripa, em poder me defender perante ti de todas as coisas de que sou acusado pelos judeus, principalmente porque é versado em todos os costumes e questões que há entre nós. Rogo que me ouça com paciência.

Toda minha vida, desde a mocidade, tem sido vivida sempre entre o meu povo e em Jerusalém, estudando a cerca de Deus e da verdade conforme a mais severa seita da nossa religião. Todos sabem disso, pois me conhecem desde o princípio e, se quiserem, podem dar testemunho de que vivi como fariseu. Estou aqui para ser julgado por acreditar na promessa feita por Deus a nossos pais e que todos esperam alcançar.

Por que é que se julga incrível que Deus ressuscite os mortos e demonstre que a morte é uma ilusão? Eu já acreditei e pratiquei muitas coisas contra o nome de Jesus, o nazareno, na preservação de minha crença cega, pois não conhecia Sua doutrina e a realidade do ser imortal. Em Jerusalém, não somente prendi muitos dos seus seguidores humildes e honestos, como também os matei. Castiguei-os muitas vezes por todas as sinagogas, obrigando-os a renegar sua fé e, enfurecido cada vez mais contra eles, persegui-os até nas cidades estrangeiras. Como estes que aqui estão não podia enxergar a verdade superior que o Cristo nos oferecia como exemplo e vida.

Indo com este encargo a Damasco, munido de poder e a autoridade dos principais sacerdotes, vi no caminho uma luz do céu, que excedia o esplendor do sol e ouvi uma voz que me perguntava: "Saulo, Saulo, por que me persegues? Dura coisa é recalcitrar contra os aguilhões e lutar contra a verdade". Ele me revelou que era Jesus e que a partir daquele momento eu era chamado para ser ministro e testemunha, tanto das coisas em que tinha visto na realidade do ser imortal, bem como daquelas em que Dele iria desenvolver, livrando-me da ignorância para ir ao povo judeu e aos gentios e lhes abrir os olhos a fim de que se livrassem das suas tendências animalizadas ao esplendor de suas virtudes, em plena consciência de nossas realidades espirituais. Não fui desobediente à visão celestial e por causa disso os judeus procuram me matar.

Até o dia de hoje permaneço dando testemunho tanto dos profetas e de Moisés que disseram que o Cristo devia padecer e ser o primeiro que, pela ressurreição dos mortos, devia anunciar a luz a todos.

Terminando desse modo a sua defesa, Paulo aguardou. Festo, em alta voz, disse:

— Você está louco, Paulo, pois com certeza as muitas filosofias o fazem delirar.

— Não deliro, ó excelentíssimo Festo, antes digo palavras de verdade em perfeito juízo. Porque o rei Agripa, diante de quem falo com liberdade, sabe destas coisas, pois não creio que nada disso lhe é oculto, e a mensagem que prego se fez por todos os cantos. Crês nos profetas, rei Agripa? Sei que crês.

— Por pouco me persuades a fazer-me cristão — disse Agripa a Paulo.

— É da vontade de Deus que não somente você, mas também todos que hoje me ouvem, se tornem livres das cadeias que a ignorância alimenta, entendendo a verdade.

Samuel Gomes

Após esse diálogo o rei, o governador, Berenice e os que com eles estavam sentados se levantaram e retirando-se da audiência falavam uns com os outros:

— Esse homem não fez nada digno de morte ou prisão e bem poderia ser solto se não tivesse apelado para César – disse Agripa a Festo.

Determinou-se então, que Paulo se juntasse a alguns outros presos que estavam sob a guarda do centurião Júlio, da corte augusta, e viajasse com ele até a Itália.

Júlio, tratando Paulo com bondade, permitiu-lhe ver os amigos e receber deles os cuidados necessários pelos portos por onde passaram. Por várias vezes a viagem foi difícil porque os ventos eram contrários. Em Mirra, na Lícia, o centurião encontrou com um navio de Alexandria que navegava para a Itália e embarcou os prisioneiros nele.

Navegando vagarosamente por muitos dias chegaram com dificuldade a Cnido, antiga cidade grega da Ásia Menor. O vento não permitiu que aportassem e a embarcação foi costeando com dificuldade. A navegação estava perigosa porque já havia se passado muito tempo sem tocar a costa para se reabastecerem, sendo necessário determinar o jejum. Paulo os advertia:

— Senhores, vejo que a viagem vai ser com avaria e muita perda, não só para a carga e o navio, mas também para as nossas vidas.

Mas o centurião que o guardava deu mais crédito ao comandante e ao dono do navio do que às observações feitas por Paulo. Como o porto mais próximo não era adequado para invernar e aguardar tempo melhor, decidiram se lançar ao mar para ver se de algum modo podiam chegar a um porto de Creta. O vento sul decresceu um pouco levando-os a crer que tinham condições favoráveis e, então, levantaram âncora e foram costeando Creta bem de perto.

Pouco tempo depois, se desencadeou o tufão de vento chamado euro-aquilão que arrebatou o navio e ele, não podendo navegar contra o vento, cedeu à sua força e se deixou levar. Todos temiam que fossem lançados na costa, pois eram violentamente açoitados pela tempestade; assim, começaram a alijar a carga ao mar e, ao terceiro dia, lançaram fora os aparelhos do navio. Não aparecendo por muitos dia nem sol nem estrelas e sendo ainda batidos por grande tempestade, fugiu-lhes, afinal, toda a esperança de serem salvos.

Eles estavam muito tempo sem comer. Paulo, pondo-se em pé no meio deles, disse:

— Senhores, deviam ter me ouvido e não partido de Creta, para evitar esta avaria e perda. Agora os encorajo a ter bom ânimo, pois não se perderá nenhuma vida entre nós, mas somente a do navio. Nesta noite me apareceu o espírito de Estêvão, a quem sirvo, que me disse para não temer porque devo comparecer perante César, pois esta é a vontade de Jesus. Portanto, senhores, tende bom ânimo, creio em Deus que tudo vai acontecer de acordo com o que me foi dito. Contudo é necessário irmos dar em alguma ilha.

Na décima quarta noite, sendo ainda impelidos pela tempestade no mar de Ádria, por volta da meia-noite, suspeitaram os marinheiros da proximidade de terra e lançando a sonda, acharam vinte braças[1]. Passando um pouco mais adiante e tornando a lançar a sonda, acharam mais quinze braças. Temendo ir de

1 Braça é uma antiga medida de comprimento equivalente a 2,20 metros.

encontro aos rochedos, lançaram da popa quatro âncoras e esperaram ansiosos, que amanhecesse.

Alguns dos marinheiros pensaram em se salvar fugindo precipitadamente do navio arriando o batel ao mar, sob o pretexto de lançar âncoras pela proa. Paulo, sabendo de suas intenções desesperadas, disse ao centurião e aos soldados:

— Se eles não ficarem no navio, não poderão ser salvos.

Imediatamente os soldados cortaram os cabos do batel e o deixaram cair, evitando assim a fuga dos demais.

Enquanto amanhecia, Paulo rogava a todos que comessem alguma coisa, dizendo:

— Hoje já é o décimo quarto dia que esperam e permanecem em jejum, Rogo-lhes, portanto, que comam alguma coisa, porque disso depende a vossa segurança, pois nem um fio de cabelo cairá da cabeça de qualquer um de vocês.

Dizendo isto, pegou o pão, deu graças a Deus na presença de todos e, partindo-o, começou a comer. Então todos recobraram o ânimo e também se puseram a comer. Ao todo estavam no navio duzentas e setenta e seis pessoas.

Depois de saciados, recomeçaram a aliviar o navio jogando o trigo no mar. Quando amanheceu, não reconheciam onde estavam, mas divisavam uma enseada com uma praia e se consultavam querendo saber da possibilidade de encalhar o navio ali. Soltando as âncoras no mar, largando ao mesmo tempo as amarras do leme e içando ao vento a vela da proa, dirigiram-se para a praia. Aproximando-se de um lugar onde duas correntes marítimas se encontravam, encalharam o navio com a proa encravando-se na areia, com a popa se desfazendo com a força das ondas.

O parecer dos soldados era o de que matassem os presos para que nenhum deles fugisse, escapando a nado. Mas o centurião, querendo salvar a Paulo, por quem já tinha uma ligação de amizade, os contrariou e mandou que, os que pudessem nadar, fossem os primeiros a se lançar ao mar e alcançar a terra, e que os demais se salvassem usando as tábuas e outros destroços do navio. Assim, todos chegaram salvos a terra firme. Estavam na ilha de Malta.

Os nativos os trataram com humanidade, acenderam uma fogueira e os recolheram por causa da chuva que ainda caía e causava muito frio. Paulo ajuntou um feixe de gravetos e quando o colocou sobre o fogo, uma víbora, fugindo do calor, mordeu-lhe a mão. Quando os nativos viram o réptil pendurado na mão dele, diziam entre si:

— Certamente este homem é homicida, pois, embora salvo do mar, a Justiça não o deixa viver.

Paulo, sacudindo o réptil no fogo e devidamente amparado pelo plano espiritual, não sofreu mal nenhum – isto porque houve a ação espiritual de anulação do veneno, pois não estava na hora de Paulo morrer e para dar exemplo de que com o Cristo, muitas coisas mudam, mesmo sendo em nível de perigo ou morte, naquilo que podemos chamar de moratória de tempo de vida. Eles esperavam que Paulo viesse a inchar ou a cair morto de repente, mas vendo que nada de anormal lhe sucedia, mesmo depois de muito tempo, mudaram de opinião e diziam que ele era um deus.

Nos arredores daquele lugar haviam terras que pertenciam

ao principal homem da ilha, chamado Públio, que os recebeu e hospedou bondosamente. O pai dele estava enfermo, de cama, com febre e disenteria. Paulo foi visitá-lo e impôs-lhe as mãos, orando, e o curou. Depois desta cura, os demais enfermos da ilha vinham também e eram curados em nome de Jesus. Por esta ajuda todos passaram a ser distinguidos com muitas honras ao ponto de que, quando embarcassem novamente, receberem a bordo as coisas que eram mais necessárias.

Passados três meses, partiram em um navio de Alexandria que invernara na ilha. Após dias de viagem chegaram a Roma. Os irmãos cristãos de lá, já tendo notícias da prisão de Paulo, foram ao encontro dele até a Praça de Ápio e às Três Vendas. Quando o viu, com muita sensibilidade no coração, ele deu graças a Deus e recobrou novo ânimo. Todos queriam ver e tocar aquele ser, que tanto fizera pela causa de Jesus.

Na cidade, o centurião entregou os presos ao general do exército, mas permitiu a Paulo morar à parte, com o soldado que o guardava. Passados três dias, Paulo convocou os principais dentre os judeus e quando eles estavam reunidos disse-lhes:

— Meus irmãos, nada fiz contra o nosso povo ou contra os ritos de nossos pais, mas vim preso desde Jerusalém e fui entregue nas mãos dos romanos que, me interrogando e notando que não havia cometido crime algum que merecesse a morte, queriam me soltar. Mas os judeus se opuseram à minha liberdade e me vi obrigado a apelar para César, não tendo a minha nação nada de que me acusar. Por isto convidei vocês para lhes ver e falar já que pela esperança dos judeus de me matarem estou preso nesta cadeia.

— Não recebemos cartas da Judeia a seu respeito, nem veio aqui nenhum irmão que contasse ou dissesse mal de você. No entanto, gostaríamos de ouvir o que pensa, porque é notório que esta seita do nazareno é contestada em toda parte.

Marcado o dia para ouvi-lo, muitos foram à sua morada desde a manhã até a noite e ele explicou sobre os bons testemunhos que deu do reino de Deus e procurou persuadi-los a acreditar em Jesus, tanto pelo enfoque da lei de Moisés como pelas leis dos profetas. Alguns acreditaram nas suas palavras, mas outros as rejeitaram. Estes saíram dali discutindo, discordando e tendo entre si grandes argumentações.

Paulo, observando o que acontecia comentou:

— O Espírito Santo já havia alertado que eles ouviriam e de maneira nenhuma entenderiam, e vendo, de maneira nenhuma perceberiam. Isto acontece porque o coração desse povo se endureceu e ouvem a verdade tardiamente, nesta vida. Fecham os olhos para que não percebam, não entendam com o coração, não se convertam para que eu os cure.

Paulo morou por dois anos na casa que alugara e recebia a todos que o visitavam, pregando o reino de Deus, ensinando o Evangelho de Jesus Cristo com toda a liberdade e sem impedimento algum. Até que veio sua morte por decapitação, planejada por Nero, a fim de desaparecer silenciosamente com o apóstolo que ele julgava extremamente perigoso. Assim seu espírito voltou para o plano da vida maior no encontro com aqueles que amava, principalmente Jesus.

Quarta parte

1.
O consolador prometido

Aguardamos que a mensagem do Mestre repercutisse por todo o mundo no tempo devido. Os trabalhos no plano espiritual se firmavam sob a orientação de Seu amor infinito, bem como no orbe, por meio do plantio do Seu Evangelho.

Algumas vezes voltamos ao cenário do mundo para implementar e espalhar a Boa Nova, alicerce de construção para a humanidade do futuro. Seja no comando das Igrejas cristãs em desenvolvimento ou na posição de um simples seguidor, o grupo de exilados tudo fazia para lhes preservar a mensagem pura e simples, atuando sempre sobre a orientação de Sua sabedoria.

Os desvios neste trabalho eram naturais, principalmente em se tratando da imaturidade humana, e a divulgação do Evangelho não fugiria às tentativas de associar ao Cristianismo nascente os interesses mesquinhos e superficiais que ligam o homem a suas paixões e buscas materiais. O trabalho de preservação da Sua mensagem, porém, era compreendida pelos maiores da espiritualidade como essencial ao desenvolvimento dos seres na Terra.

Depois que a Igreja se dissociou dos princípios de sua missão espiritual e entrou em caminhos complicados de aquisição do poder político e financeiro do mundo, foi necessário intensificar o renascimento de grandes espíritos no planeta para impedir que a mensagem superior da vida de Jesus não se desviasse demasiadamente da proposta original.

A encarnação de espíritos como Francisco de Assis, John Huss e Lutero, e outros tantos irmãos comprometidos com a pureza da Sua mensagem, fazia com que ressurgissem a qualidade singela e nobre das pérolas divinas de orientação da vida humana. Porém, a estagnação da mente humana em crenças espirituais limitadas pedia novas intervenções para colocar os homens em contato com sua origem espiritual. Diante desta necessidade, vimos Jesus convocar novamente um de seus mais dedicados colaboradores a voltar ao planeta e preparar as transformações fundamentais para que o orbe pudesse caminhar para sua regeneração e sublimação.

A personalidade de Hippolyte Léon Denizard Rivail [1] reencarnaria em plena França, um dos centros intelectuais mais fortes daqueles tempos, para que o surgimento dos fenômenos pudesse ser analisado pela capacidade intelectual dos estudiosos da época, da qual ele fazia parte. Para que sua tarefa não pudesse ser influenciada pelo aspecto de destaque pessoal – já que ele era eminente pesquisador e professor – e para que a construção da nova doutrina não fosse de responsabilidade direta do homem e sim dos mensageiros do Senhor, ele adotou o codinome de Allan Kardec.

Com a vinda do Consolador Prometido, volta a esses compromissos no auxílio da pessoa de Jean-Baptiste Roustaing e a médium belga Émilie Collignon na elaboração de *Os Quatro Evangelhos*, para dar uma visão espiritual àqueles princípios antigos.

Um grupo de espíritos superiores[2] renasceria com ele para implantar as verdades redivivas sob a influência essencial do espírito que não mais necessitaria de símbolos ou imagens para falar dessa realidade.

Com o desdobramento das etapas de implantação da Doutrina dos Espíritos, o Cristo deslocou a árvore do Evangelho para solo brasileiro, com a finalidade de reviver Seus ensinamentos à luz

---

1

2 Entre vários destacamos Léon Denis, Jean-Baptiste Roustaing, Camille Flammarion e Gabriel Delanne. (N.E.)

Samuel Gomes

da interpretação do Consolador Prometido.

Foi exatamente no momento de implantação dessas verdades no solo brasileiro que alguns de nós fomos chamados por abnegados companheiros da vida maior e mais diretamente por Seu representante Ismael que, em nome do próprio Mestre, nos convocavam ao engajamento para implantar o Consolador Prometido[3] como base e fundamento do futuro da nação, que seria o coração do mundo reconhecido como a Pátria do Evangelho.

---

3 João, 14:16-17 - "E eu rogarei ao Pai, e ele vos dará outro Consolador, para que fique convosco para sempre; O Espírito de verdade, que o mundo não pode receber, porque não o vê nem o conhece; mas vós o conheceis, porque habita convosco, e estará em vós."

2.
Os trabalhos do espiritismo no Brasil

Não há como traduzir nosso contentamento de poder cooperar na execução dos planos estabelecidos pelos orientadores da espiritualidade maior que, em nome do Mestre Nazareno, programavam a implantação do Consolador nas terras do Cruzeiro do Sul e nos embalava na esfera de Seu amor, identificando para sempre o nosso orbe como distinta escola de desenvolvimento espiritual.

Tivemos a oportunidade de ver surgir e crescer a influência dos centros de organização e orientação dos trabalhos do Espiritismo no país, bem como a multiplicação de muitos centros espíritas que se espalharam no solo brasileiro, jogando as sementes dos pensamentos espirituais que norteariam o desenvolvimento da doutrina e criando condições para que os princípios evangélicos pudessem crescer nos corações. Com muita felicidade, pude trabalhar com outros irmãos que tinham o mesmo compromisso de organizar e sedimentar essas bases do Espiritismo no Brasil.

O coração do mundo crescia na responsabilidade de se estabelecer como a Pátria do Evangelho para o mundo, aguardando o momento esperado da transição planetária para exercer sua função evangelizadora junto a outras nações que possuem também, por sua vez, diversas responsabilidades no crescimento do planeta.

O legado espiritual do Brasil, fundamentado pelo Espiritismo, se fortalecia e crescia sob a influência amorosa do Cristo. Estamos vendo o desenvolvimento e o despertar do homem para que se identifique com a sua real natureza: a de ser um espírito imortal perante a vida.

Ao observarmos, na atualidade, o desenvolvimento vertiginoso dos trabalhos espíritas no mundo, com ênfase no Brasil, damos graças aos esforços iniciais para que a luz crescente da espiritualidade se fixe nessa grande nação, dando cumprimento às responsabilidades dadas por Ele no concerto renovador pelo qual o planeta passa nestes dias de transição.

Nossos olhos vislumbram a luz dessa manhã que nasce para todos os corações.

3.
A sementeira
do consolador

Participar de forma consciente no desenvolvimento de uma nova qualidade espiritual do planeta é o desafio para todos que nos candidatamos a seguir as trilhas que o Mestre Nazareno percorreu, quando esteve na Terra entre nós.

As propostas elevadas para edificar as raízes do Consolador nas terras do Cruzeiro eram um desafio muito grande, e as responsabilidades daí decorrentes nos faziam cientes dos obstáculos e desvantagens que iríamos vivenciar no momento em que abraçássemos essa causa divina.

Os objetivos estabelecidos por Ismael, governador espiritual que comandava a direção dos trabalhos no Brasil, para levar adiante os desígnios de nosso Mestre, de não mais utilizar símbolos a desfigurar a mensagem sublime que resgataria a essência da realidade espiritual, presente em todas as passagens escritas nesse livro sagrado, representa Sua vida simples e pura.

Até aquele momento da evolução dos homens, a mensagem do Cristo precisou de simbolismos e parábolas para ser apresentada à mente imatura do homem que precisava se saturar em desenvolvimento e maturidade no campo da razão em direção à expansão do sentimento. O movimento do Espiritismo surgiu para clarear o aspecto espiritual dos convites que Jesus fez e que traziam a maturidade do entendimento para poder dar Seu testemunho e promover o voo da libertação de nossas vidas, com o fim de retornarmos ao planeta de origem, localizado no Sistema do Cocheiro, reencontrando os amores do passado e usufruindo das condições melhoradas que aquele planeta nos ofereceria rumo aos picos da evolução espiritual.

O tempo foi passando e a maturidade da mente humana se desenvolveu na Terra, proporcionando, a todos que viviam nesta escola de almas, o alimento dos conteúdos elevados e nobres que eram, até então, apenas permitidos aos espíritos prescritos daquela morada distante, colocando todos num mesmo patamar de responsabilidades para, dali para frente, se assumirem como filhos do Eterno.

A partir daí os espíritos naturais da Terra teriam a posse da maior riqueza que lhes estava reservada: a de entrar em contato com a sua condição real de espírito imortal.

Diante da possibilidade de poder novamente fundamentar a mensagem evangélica nos corações dos homens, todos nós, espíritos capelinos em redenção pelas oportunidades oferecidas pelo Cristo neste orbe, sentimo-nos muito felizes.

Atuando nos dois planos da vida criamos o movimento libertador de consciências, dando continuidade aos trabalhos implantados pelo mestre Lionês, Allan Kardec, na perspectiva de transplantar para essa nação a árvore bendita do Evangelho de Jesus.

Os trabalhos eram desafiadores, principalmente por estarmos num país extremamente religioso, católico, e muitas vezes despreparado para aceitar, num primeiro momento, as mudanças de suas crenças, necessárias para o desenvolvimento espiritual pelo qual precisaria passar para se tornar um mundo regenerado.

A criação dos órgãos diretores do movimento espírita do país seria lançada para desenvolver a unificação de propósitos, buscando diminuir as diferenças, as separações e as disputas desnecessárias à sementeira espiritual.

A multiplicação dos centros espíritas era a demonstração daquela multiplicação de pães e peixes que o Mestre de Nazaré

Samuel Gomes

fez diante de uma multidão faminta, só que agora, a fome já não era mais exterior, e sim, fundamentada nas necessidades íntimas de maturidade espiritual dos seres.

A dedicação com que procurávamos efetivar nossas tarefas era o estímulo para todos os irmãos e companheiros que reencarnaram com esse mesmo propósito, em todos os quadrantes do solo brasileiro.

A bandeira[1] áurea que Ismael fixara como meta de nossos trabalhos estava sendo colocada nos corações de todos que se candidatavam a abraçar e seguir os passos do Meigo Rabi da Galileia, para que o Coração do Mundo se desdobrasse, espargindo o amor como expressão da caridade e da fraternidade, a fim de transformar as condições primitivas de nossas imperfeições em pedras preciosas de espiritualidade, qualidade verdadeira de todos os seres da Terra, para que um dia nos tornemos cidadãos universais cuja a pátria seria o próprio Universo.

Nessas disposições íntimas eram realizadas nossas lutas, nesse movimento renovador que era a luz do mundo, a renascer para o futuro glorioso de nosso planeta, somando-se a outros tantos movimentos religiosos responsáveis e sérios que envolvem todas as nações da Terra, nossa bendita escola de regeneração e soerguimento.

---

1 *Brasil coração do mundo, pátria do Evangelho*, autor espiritual Humberto de Campos pela psicografia de Chico Xavier – Capítulo *Os degredados*: "Ismael recebe o lábaro bendito das mãos compassivas do Senhor, banhado em lágrimas de reconhecimento, e, como se entrara em ação o impulso secreto da sua vontade, eis que a nívea bandeira tem agora uma insígnia. Na sua branca substância, uma tinta celeste inscrevera o lema imortal: 'Deus, Cristo e Caridade.'"

4.
O objetivo do espiritismo

Contemplando as paisagens de lutas que todos nós estamos vivendo, nestes dias de aferição e aprimoramento, vemos o quanto a humanidade terrena, nos dois planos da vida, precisa de Jesus como farol iluminador, diante do despreparo para enfrentar com tranquilidade e equilíbrio as ondas tumultuadas do mar de nossas experiências.

Os habitantes desses dois campos ainda se acham distantes do ideal íntimo para poder aproveitar as experiências que esses momentos oferecem na aquisição de novos valores morais e na decisão de seguir os propósitos do Cristo de maneira a exemplificar Sua mensagem de confiança absoluta na vontade de nosso Pai.

Todo o trabalho religioso no mundo está em aferição real de valores para mostrar o quanto podemos viver e exemplificar suas informações e preparação ao longo do tempo.

A mensagem espiritual não é simples expressão superficial, mas um convite de vivência e comprometimento com atitudes heroicas e nobres, para demonstrar o quanto aceitamos Jesus como nosso guia e modelo e atestar o quanto nos sentimos realmente na condição de espíritos imortais.

A Doutrina Espírita surgiu no mundo, em sua feição de Consolador, para derrubar de vez as barreiras que separam a realidade que existe além da morte física e acabar com o sofrimento e a separação ilusória entre os dois planos da vida, que significava uma miopia perceptiva, demonstrando para os homens que seus relacionamentos e afeições não se destroem nunca e que o amor continua sempre.

Todas as dores e aflições deixaram de ter o efeito que elas apresentavam, sustentado pela negação de uma visão espiritual que sempre nos aguardou perante a Eternidade.

Uma ampla organização existe precedendo nossos passos na evolução, determinando que venhamos a atingir a plenitude de nossos potenciais de inteligência, aproximando-nos cada vez mais da condição de operarmos conscientemente os desígnios divinos do bem e do amor.

Os espiritualistas e, principalmente, os espíritas, deverão demonstrar de forma incisiva, pelo comportamento na exemplificação da verdade, o quanto a mensagem do alto lhes preparou e modificou o jeito de encarar a existência e utilizá-la em benefício de si e de todos a sua volta.

No aprimoramento do nosso ser, abrir possibilidades de melhoria na edificação de um mundo melhor e mais amoroso, sob a influência elevada da mensagem de Jesus e atualizada pelos Espíritos, através do Espiritismo.

Todo o trabalho de fixação e implantação da mensagem que a Doutrina dos Espíritos orientou é a continuidade dos trabalhos de Jesus em todos os tempos, e se dá por meio dos diversos mensageiros que passaram sobre a Terra nas diversas seitas que nos conduzem à espiritualidade, criando uma orientação de como viver melhor. É a mesma continuação da expressão evangélica que Ele implantou ontem, só que hoje estamos mais amadurecidos para Lhe compreender a essência.

Com a claridade da mensagem espírita e espiritualistas que influenciam o mundo, generalizou-se a real condição de nossos seres e o verdadeiro propósito da existência do Universo. Com a noção de que somos espíritos e da transitoriedade da vida material, as existências passam a ter como perspectiva imperiosa o nosso aprimoramento íntimo e a possibilidade de nos amarmos como irmãos, dentro desta ótica de natureza essencial.

Assim, cumprimos mais uma vez os ditames divinos para que nos encontremos conosco mesmos, nas expressões mais profundas do nosso espírito, para fazer de nossas vidas o objetivo superior de cumprir a vontade do Pai.

5.
A sementeira continua

Operar na elevação da mente humana da Terra por meio dos princípios espirituais da Doutrina Espírita é o propósito de nossos esforços junto aos corações de todos.

A partir de agora, seria necessário deixar o desenvolvimento gradual e contínuo da maturação do homem para que as sementes de vida eterna pudessem germinar e se desenvolver, dando frutos amadurecidos e ricos de valores espirituais em benefício da vida.

Eu e muitos companheiros de jornada que caminhamos juntos nesse projeto, voltávamos felizes por ter feito algo pela doutrina que aprendemos a amar e a abraçar como meta de vida.

Muitos de nós aqui chegamos na condição de exílio e estávamos aptos ao retorno para o mundo distante de nossas experiências de origem, onde corações amados aguardavam para nos acolher e receber em reconhecimento e reaproximação. Porém, estávamos convictos de que só poderíamos regressar para nosso orbe quando observássemos não existir mais irmãos presos em meio a ilusão, ao desperdício de tempo e de oportunidades de redenção espiritual, decidindo tudo fazer para auxiliá-los no que fosse possível, a não ser que realmente não quisessem mudar e crescer.

Claro que sabemos que para Deus o tempo e o espaço são compreendidos de maneira diferente da que é para nós e que a oportunidade de renovação estará sempre aberta para todos os seus filhos da Criação, mas sabemos também que o passo determinante para que isso ocorra depende única e exclusivamente de acordo com o que cada um elege para si, na ascensão rumo ao encontro com o Seu amor infinito.

Permaneço nas atividades junto ao movimento espírita do Brasil, assim como outros companheiros atuam em todos os cenários religiosos do mundo, para poder vislumbrar as primeiras luzes de claridade que representam o planeta em novas diretrizes de sublimação em sua história.

O esforço ainda é longo e exigirá de nossos braços e mentes as energias para sua edificação superior, mas procuremos tudo fazer no intuito de concretizar a parte que nos cabe dentro das pequenas possibilidades que temos, diante do nosso divino Amigo da eternidade, Jesus Cristo, cumprindo as propostas iniciais que aqui assumimos quando acolhidos na Terra por Seu coração generoso.

Sentimo-nos felizes de poder acompanhar esse movimento de limpeza espiritual, só que desta vez, do lado dos que se encontram limpos e ajudando a limpar a sujeira que ainda envolve o orbe, agradecendo a Deus por não ser mais um dos que contribuem para sua degradação e impureza.

Que a paz do nosso Mestre de amor envolva os corações deste planeta no plano físico e espiritual, para finalizarmos nossos compromissos nele, sob o amparo e a sustentação desse abnegado Mentor de nossas vidas, o meigo Rabi da Galileia.

Ficha Técnica

Título
A redenção de um exilado –
de degredado a apóstolo

Autoria
Espírito Lucas
Psicografia de Samuel Gomes

Edição
1ª

ISBN
978-85-63365-90-3

Capa
Lucas William

Projeto gráfico e diagramação
Mônica Abreu

Revisão da diagramação
Nilma Helena

Revisão ortográfica
Isis Simon e Nilma Helena

Preparação de originais
Maria José da Costa e Nilma Helena

Composição
Adobe Indesign 6.0, plataforma MAC

Páginas
370

Tamanho do miolo
16x23cm

Capa
16x23

Tipografia
Texto principal: Warnock 12.5pt
Título: Shatu 30pt
Notas de rodapé: Warnock 9.5pt

Margens
22 mm: 25 mm: 25 mm: 22 mm
(superior:inferior:interna;externa)

Papel
Miolo Avena 80 g/m2
Capa Polen 250 g/m2

Cores
Miolo 1x1 cor
Capa em 4x0 CMYK

Impressão
AtualDV (Curitiba/PR)

Acabamento
Miolo: Brochura, cadernos de
32 páginas, costurados e colados.
Capa: Laminação Fosca

Tiragem
Sob Demanda

Produção
Março / 2022

Nossas Publicações

SÉRIE AUTOCONHECIMENTO

DEPRESSÃO E AUTOCONHECIMENTO - COMO EXTRAIR PRECIOSAS LIÇÕES DESSA DOR

A proposta de tratamento complementar da depressão aqui abordada tem como foco a educação para lidar com nossa dor, que muito antes de ser mental, é moral.

Wanderley Oliveira
16 x 23 cm
235 páginas

e book

FALA, PRETO VELHO

Um roteiro de autoproteção energética através do autoamor. Os textos aqui desenvolvidos permitem construir nossa proteção interior por meio de condutas amorosas e posturas mentais positivas, para criação de um ambiente energético protetor ao redor de nossas vidas.

Wanderley Oliveira | Pai João de Angola
16 x 23 cm
291 páginas

e book

QUAL A MEDIDA DO SEU AMOR?

Propõe revermos nossa forma de amar, pois estamos mais próximos de uma visão particularista do que de uma vivência autêntica desse sentimento. Superar limites, cultivar relações saudáveis e vencer barreiras emocionais são alguns dos exercícios na construção desse novo olhar.

Wanderley Oliveira | Ermance Dufaux
16 x 23 cm
208 páginas

e book

APAIXONE-SE POR VOCÊ

Você já ouviu alguém dizer para outra pessoa: "minha vida é você"?
Enquanto o eixo de sua sustentação psicológica for outra pessoa, a sua vida estará sempre ameaçada, pois o medo da perda vai rondar seus passos a cada minuto.

Wanderley Oliveira
16 x 23 cm
152 páginas

e book

A VERDADE ALÉM DAS APARÊNCIAS - O UNIVERSO INTERIOR

Liberte-se da ansiedade e da angústia, direcionando o seu espírito para o único tempo que realmente importa: o presente. Nele você pode construir um novo olhar, amplo e consciente, que levará você a enxergar a verdade além das aparências.

Samuel Gomes
16 x 23 cm
272 páginas

DESCOMPLIQUE, SEJA LEVE

Um livro de mensagens para apoiar sua caminhada na aquisição de uma vida mais suave e rica de alegrias na convivência.

Wanderley Oliveira
16 x 23 cm
238 páginas

7 CAMINHOS PARA O AUTOAMOR

O tema central dessa obra é o autoamor que, na concepção dos educadores espirituais, tem na autoestima o campo elementar para seu desenvolvimento. O autoamor é algo inato, herança divina, enquanto a autoestima é o serviço laborioso e paciente de resgatar essa força interior, ao longo do caminho de volta à casa do Pai.

Wanderley Oliveira | Pai João de Angola
16 x 23 cm
272 páginas

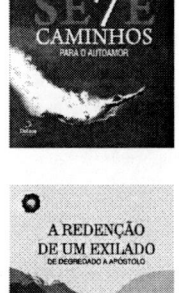

A REDENÇÃO DE UM EXILADO

A obra traz informações sobre a formação da civilização, nos primórdios da Terra, que contou com a ajuda do exílio de milhões de espíritos mandados para cá para conquistar sua recuperação moral e auxiliar no desenvolvimento das raças e da civilização. É uma narrativa do Apóstolo Lucas, que foi um desses enviados, e que venceu suas dificuldades íntimas para seguir no trabalho orientado pelo Cristo.

Samuel Gomes | Lucas
16 x 23 cm
368 páginas

AMOROSIDADE - A CURA DA FERIDA DO ABANDONO

Uma das mais conhecidas prisões emocionais na atualidade é a dor do abandono, a sensação de desamparo. Essa lesão na alma responde por larga soma de aflições em todos os continentes do mundo. Não há quem não esteja carente de ser protegido e acolhido, amado e incentivado nas lutas de cada dia.

Wanderley Oliveira | Ermance Dufaux
16 x 23 cm
300 páginas

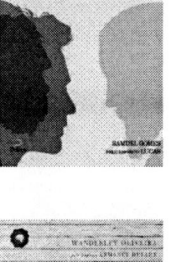

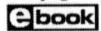

MEDIUNIDADE - A CURA DA FERIDA DA FRAGILIDADE

Ermance Dufaux vem tratando sobre as feridas evolutivas da humanidade. A ferida da fragilidade é um dos traços mais marcantes dos aprendizes da escola terrena. Uma acentuada desconexão com o patrimônio da fé e do autoamor, os verdadeiros poderes da alma.

Wanderley Oliveira | Ermance Dufaux
16 x 23 cm
235 páginas
e book

CONECTE-SE A VOCÊ - O ENCONTRO DE UMA NOVA MENTALIDADE QUE TRANSFORMARÁ A SUA VIDA

Este livro vai te estimular na busca de quem você é verdadeiramente. Com leitura de fácil assimilação, ele é uma viagem a um país desconhecido que, pouco a pouco, revela características e peculiaridades que o ajudarão a encontrar novos caminhos. Para esta viagem, você deve estar conectado a sua essência. A partir daí, tudo que você fizer o levará ao encontro do propósito que Deus estabeleceu para sua vida espiritual.

Rodrigo Ferretti
16 x 23 cm
256 páginas

e book

APOCALIPSE SEGUNDO A ESPIRITUALIDADE - O DESPERTAR DE UMA NOVA CONSCIÊNCIA

Num curso realizado em uma colônia do plano espiritual, o livro Apocalipse, de João Evangelista, é estudado de forma dinâmica e de fácil entendimento, desvendando a simbologia das figuras místicas sob o enfoque do autoconhecimento.

Samuel Gomes
16 x 23 cm
313 páginas
e book

VIDAS PASSADAS E HOMOSSEXUALIDADE - CAMINHOS QUE LEVAM À HARMONIA

"Vidas Passadas e Homossexualidade" é, antes de tudo, um livro sobre o autoconhecimento. E, mais que uma obra que trada do uso prático da Terapia de Regressão às Vidas Passadas . Em um conjunto de casos, ricamente descritos, o leitor poderá compreender a relação de sua atual encarnação com aquelas que ele viveu em vidas passadas. O obra mostra que absolutamente tudo está interligado. Se o leitor não encontra respostas sobre as suas buscas psicológicas nesta vida, ele as encontrará conhecendo suas vidas passadas.
Samuel Gomes

Dra. Solange Cigagna
16 x 23 cm
364 páginas
e book

SÉRIE CONSCIÊNCIA DESPERTA

SAIA DO CONTROLE - UM DIÁLOGO TERAPEUTICO E LIBERTADOR ENTRE A MENTE E A CONSCIÊNCIA

Agimos de forma instintiva por não saber observar os pensamentos e emoções que direcionam nossas ações de forma condicionada. Por meio de uma observação atenta e consciente, identificando o domínio da mente em nossas vidas, passamos a viver conscientes das forças internas que nos regem.

Rossano Sobrinho
16 x 23 cm
268 páginas

e-book

SÉRIE CULTO NO LAR

VIBRAÇÕES DE PAZ EM FAMÍLIA

Quando a família se reune para orar, ou mesmo um de seus componetes, o ambiente do lar melhora muito. As preces são emissões poderosas de energia que promovem a iluminação interior. A oração em família traz paz e fortalece, protege e ampara a cada um que se prepara para a jornada terrena rumo à superação de todos os desafios.

Wanderley Oliveira | Ermance Dufaux
16 x 23 cm
212 páginas

e-book

JESUS - A INSPIRAÇÃO DAS RELAÇÕES LUMINOSAS

Após o sucesso de "Emoções que curam", o espírito Ermance Dufaux retorna com um novo livro baseado nos ensinamentos do Cristo, destacando que o autoamor é a garantia mais sólida para a construção de relacionamentos luminosos.

Wanderley Oliveira | Ermance Dufaux
16 x 23 cm
304 páginas

e-book

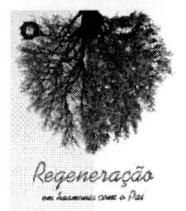

REGENERAÇÃO - EM HARMONIA COM O PAI

Nos dias em que a Terra passa por transformações fundamentais, ampliando suas condições na direção de se tornar um mundo regenerado, é necessário desenvolvermos uma harmonia inabalável para aproveitar as lições que esses dias nos proporcionam por meio das nossas decisões e das nossas escolhas, [...].

Samuel Gomes | Diversos Espíritos
16 x 23 cm
223 páginas

e-book

PRECES ESPÍRITAS

Porque e como orar?

O modo como oramos influi no resultado de nossas preces?

Existe um jeito certo de fazer a oração?

Allan Kardec nos afirma que *"não há fórmula absoluta para a prece"*, mas o próprio Evangelho nos orienta que *"quando oramos, devemos entrar no nosso aposento interno do coração e, fechando a porta, busquemos Deus que habita em nós; e Ele, que vê nossa mais secreta realidade espiritual, nos amparará em todas as necessidades. Ao orarmos, evitemos as repetições de orações realizadas da boca para fora, como muitos que pensam que por muito falarem serão ouvidos. Oremos a Deus em espírito e verdade porque nosso Pai sabe o que nos é necessário, antes mesmo de pedirmos "*. (Mateus 6:5 a 8)

Allan Kardec
16 x 23 cm
145 páginas

O EVANGELHO SEGUNDO O ESPIRITISMO

O Evangelho de Jesus Cristo foi levado ao mundo por meio de seus discípulos, logo após o desencarne do Mestre na cruz. Mas o Evangelho de Cristo foi, muitas vezes, alterado e deturpado através de inúmeras edições e traduções do chamado Novo Testamento. Agora, a Doutrina Espírita, por meio de um trabalho sob a óptica dos espíritos e de Allan Kardec, vem jogar luz sobre a verdadeira face de Cristo e seus ensinamentos de perdão, caridade e amor.

Allan Kardec
16 x 23 cm
431 páginas

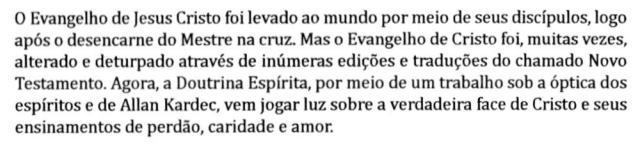

SÉRIE DESAFIOS DA CONVIVÊNCIA

QUEM SABE PODE MUITO. QUEM AMA PODE MAIS

A lição central desta obra é mostrar que o conhecimento nem sempre é suficiente para garantir a presença do amor nas relações. "Estar informado é a primeira etapa. Ser transformado é a etapa da maioridade." - Eurípedes Barsanulfo.

Wanderley Oliveira | José Mário
16 x 23 cm
312 páginas

QUEM PERDOA LIBERTA - ROMPER OS FIOS DA MÁGOA ATRAVÉS DA MISERICÓRDIA

Continuação do livro "QUEM SABE PODE MUITO. QUEM AMA PODE MAIS" dando sequência à trilogia "Desafios da Convivência".

Wanderley Oliveira | José Mário
16 x 23 cm
320 páginas

SERVIDORES DA LUZ NA TRANSIÇÃO PLANETÁRIA

Nesta obra recebemos o convite para nos integrar nas fileiras dos Servidores da Luz, atuando de forma consciente diante dos desafios da transição planetária. Brilhante fechamento da trilogia.

Wanderley Oliveira | José Mário
14x21 cm
298 páginas

SÉRIE ESPÍRITOS DO BEM

GUARDIÕES DO CARMA - A MISSÃO DOS EXUS NA TERRA

Pai João de Angola quebra com o preconceito criado em torno dos exus e mostra que a missão deles na Terra vai além do que conhecemos. Na verdade, eles atuam como guardiões do carma, nos ajudando nos principais aspectos de nossas vidas.

Wanderley Oliveira | Pai João de Angola
16 x 23 cm
288 páginas

GUARDIÃS DO AMOR - A MISSÃO DAS POMBAGIRAS NA TERRA

"São um exemplo de amor incondicional e de grandeza da alma. São mães dos deserdados e angustiados. São educadoras e desenvolvedoras do sagrado feminino, e nesse aspecto são capazes de ampliar, nos homens e nas mulheres, muitas conquistas que abrem portas para um mundo mais humanizado, [...]".

Wanderley Oliveira | Pai João de Angola
16 x 23 cm
232 páginas

GUARDIÕES DA VERDADE - NADA FICARÁ OCULTO

Neste momento de batalhas decisivas rumo aos tempos da regeneração, esta obra é um alerta que destaca a importância da autenticidade nas relações humanas e da conduta ética como bases para uma forma transparente de viver. A partir de agora, nada ficará oculto, pois a Verdade é o único caminho que aguarda a humanidade para diluir o mal e se estabelecer na realidade que rege o universo.

Wanderley Oliveira | Pai João de Angola
16 x 23 cm
236 páginas

SÉRIE ESTUDOS DOUTRINÁRIOS

ATITUDE DE AMOR

Opúsculo contendo a palestra "Atitude de Amor" de Bezerra de Menezes, o debate com Eurípedes Barsanulfo sobre o período da maioridade do Espiritismo e as orientações sobre o "movimento atitude de amor". Por uma efetiva renovação pela educação moral.

Wanderley Oliveira | Ermance Dufaux e Cícero Pereira
14 x 21 cm
94 páginas

SEARA BENDITA

Um convite à reflexão sobre a urgência de novas posturas e conceitos. As mudanças a adotar em favor da construção de um movimento social capaz de cooperar com eficácia na espiritualização da humanidade.

Wanderley Oliveira e Maria José Costa | Diversos Espíritos
14 x 21 cm
284 páginas

Gratuito em nosso site, somente em:

NOTÍCIAS DE CHICO

"Nesta obra, Chico Xavier afirma com seu otimismo natural que a Terra caminha para uma regeneração de acordo com os projetos de Jesus, a caracterizar-se pela tolerância humana recíproca e que precisamos fazer a nossa parte no concerto projetado pelo Orientador Maior, principalmente porque ainda não assumimos responsabilidades mais expressivas na sustentação das propostas elevadas que dizem respeito ao futuro do nosso planeta."

Samuel Gomes | Chico Xavier
16 x 23 cm
181 páginas

SÉRIE FAMÍLIA E ESPIRITUALIDADE

UM JOVEM OBSESSOR - A FORÇA DO AMOR NA REDENÇÃO ESPIRITUAL

Um jovem conta sua história, compartilhando seus problemas após a morte, falando sobre relacionamentos, sexo, drogas e, sobretudo, da força do amor na redenção espiritual.

Adriana Machado | Jefferson
16 x 23 cm
392 páginas

UM JOVEM MÉDIUM - CORAGEM E SUPERAÇÃO PELA FORÇA DA FÉ

A mediunidade é um canal de acesso às questões de vidas passadas que ainda precisam ser resolvidas. O livro conta a história do jovem Alexandre que, com sua mediunidade, se torna o intermediário entre as histórias de vidas passadas daqueles que o rodeiam tanto no plano físico quanto no plano espiritual. Surpresos com o dom mediúnico do menino, os pais, de formação Católica, se veem às voltas com as questões espirituais que o filho querido traz para o seio da família.

Adriana Machado | Ezequiel
16 x 23 cm
365 páginas

RECONSTRUA SUA FAMÍLIA - CONSIDERAÇÕES PARA O PÓS-PANDEMIA

Vivemos dias de definição, onde nada mais será como antes. Necessário redefinir e ampliar o conceito de família. Isso pode evitar muitos conflitos nas interações pessoais. O autoconhecimento seguido de reforma íntima será o único caminho para transformação do ser humano, das famílias, das sociedades e da humanidade.

Dr. Américo Canhoto
16 x 23 cm
237 páginas

SÉRIE HARMONIA INTERIOR

LAÇOS DE AFETO - CAMINHOS DO AMOR NA CONVIVÊNCIA

Uma abordagem sobre a importância do afeto em nossos relacionamentos para o crescimento espiritual. São textos baseados no dia a dia de nossas experiências. Um estímulo ao aprendizado mais proveitoso e harmonioso na convivência humana.

Wanderley Oliveira | Ermance Dufaux
16 x 23 cm
312 páginas

 ESPANHOL

MEREÇA SER FELIZ - SUPERANDO AS ILUSÕES DO ORGULHO

Um estudo psicológico sobre o orgulho e sua influência em nossa caminhada espiritual. Ermance Dufaux considera essa doença moral como um dos mais fortes obstáculos à nossa felicidade, porque nos leva à ilusão.

Wanderley Oliveira | Ermance Dufaux
16 x 23 cm
296 páginas

 ESPANHOL

REFORMA ÍNTIMA SEM MARTÍRIO - AUTOTRANSFORMAÇÃO COM LEVEZA E ESPERANÇA

As ações em favor do aperfeiçoamento espiritual dependem de uma relação pacífica com nossas imperfeições. Como gerenciar a vida íntima sem adicionar o sofrimento e sem entrar em conflito consigo mesmo?

Wanderley Oliveira | Ermance Dufaux
16 x 23 cm
288 páginas

 ESPANHOL INGLÊS

PRAZER DE VIVER - CONQUISTA DE QUEM CULTIVA A FÉ E A ESPERANÇA

Neste livro, Ermance Dufaux, com seus ensinos, nos auxilia a pensar caminhos para alcançar nossas metas existenciais, a fim de que as nossas reencarnações sejam melhor vividas e aproveitadas.

Wanderley Oliveira | Ermance Dufaux
16 x 23 cm
248 páginas

ESCUTANDO SENTIMENTOS - A ATITUDE DE AMAR-NOS COMO MERECEMOS

Ermance afirma que temos dado passos importantes no amor ao próximo, mas nem sempre sabemos como cuidar de nós, tratando-nos com culpas, medos e outros sentimentos que não colaboram para nossa felicidade.

Wanderley Oliveira | Ermance Dufaux
16 x 23 cm
256 páginas

 ESPANHOL

DIFERENÇAS NÃO SÃO DEFEITOS - A RIQUEZA DA DIVERSIDADE NAS RELAÇÕES HUMANAS

Ninguém será exatamente como gostaríamos que fosse. Quando aprendemos a conviver bem com os diferentes e suas diferenças, a vida fica bem mais leve. Aprenda esse grande SEGREDO e conquiste sua liberdade pessoal.

Wanderley Oliveira | Ermance Dufaux
16 x 23 cm
248 páginas

EMOÇÕES QUE CURAM - CULPA, RAIVA E MEDO COMO FORÇAS DE LIBER-TAÇÃO

Um convite para aceitarmos as emoções como forma terapêutica de viver, sintonizando o pensamento com a realidade e com o desenvolvimento da autoaceitação.

Wanderley Oliveira | Ermance Dufaux
16 x 23 cm
272 páginas

SÉRIE REFLEXÕES DIÁRIAS

PARA SENTIR DEUS

Nos momentos atuais da humanidade sentimos extrema necessidade da presença de Deus. Ermance Dufaux resgata, para cada um, múltiplas formas de contato com Ele, de como senti-Lo em nossas vidas, nas circunstâncias que nos cercam e nos semelhantes que dividem conosco a jornada reencarnatória. Ver, ouvir e sentir Deus em tudo e em todos.

Wanderley Oliveira | Ermance Dufaux
11 x 15,5 cm
133 páginas
Somente **e book**

LIÇÕES PARA O AUTOAMOR

Mensagens de estímulo na conquista do perdão, da aceitação e do amor a si mesmo. Um convite à maravilhosa jornada do autoconhecimento que nos conduzirá a tomar posse de nossa herança divina.

Wanderley Oliveira | Ermance Dufaux
11 x 15,5 cm
128 páginas

Somente **e book**

RECEITAS PARA A ALMA

Mensagens de conforto e esperança, com pequenos lembretes sobre a aplicação do Evangelho para o dia a dia. Um conjunto de propostas que se constituem em verdadeiros remédios para nossas almas.

Wanderley Oliveira | Ermance Dufaux
11 x 15,5 cm
146 páginas

Somente **e book**

SÉRIE REGENERAÇÃO

FUTURO ESPIRITUAL DA TERRA

As necessidades, as estruturas perispirituais e neuropsíquicas, o trabalho, o tempo, as características sociais e os próprios recursos de natureza material se tornarão bem mais sutis. O futuro já está em construção e André Luiz, através da psicografia de Samuel Gomes, conta como será o Futuro Espiritual da Terra.

Samuel Gomes | André Luiz
16 x 23 cm
344 páginas

XEQUE-MATE NAS SOMBRAS - A VITÓRIA DA LUZ

André Luiz traz notícias das atividades que as colônias espirituais, ao redor da Terra, estão realizando para resgatar os espíritos que se encontram perdidos nas trevas e conduzi-los a passar por um filtro de valores, seja para receberem recursos visando a melhorar suas qualidades morais – se tiverem condições de continuar no orbe – seja para encaminhá-los ao degredo planetário.

Samuel Gomes | André Luiz
16 x 23 cm
212 páginas

A DECISÃO - CRISTOS PLANETÁRIOS DEFINEM O FUTURO ESPIRITUAL DA TERRA

"Os Cristos Planetários do Sistema Solar e de outros sistemas se encontram para decidir sobre o futuro da Terra na sua fase de regeneração. Numa reunião que pode ser considerada, na atualidade, uma das mais importantes para a humanidade terrestre, Jesus faz um pronunciamento direto sobre as diretrizes estabelecidas por Ele para este período."

Samuel Gomes | André Luiz e Chico Xavier
16 x 23 cm
210 páginas

 SÉRIE ROMANCE MEDIÚNICO

OS DRAGÕES - O DIAMANTE NO LODO NÃO DEIXA DE SER DIAMANTE

Um relato leve e comovente sobre nossos vínculos com os grupos de espíritos que integram as organizações do mal no submundo astral.

Wanderley Oliveira | Maria Modesto Cravo
16 x 23cm
522 páginas

LÍRIOS DE ESPERANÇA

Ermance Dufaux alerta os espíritas e lidadores do bem de um modo geral, para as responsabilidades urgentes da renovação interior e da prática do amor neste momento de transição evolutiva, através de novos modelos de relação, como orientam os benfeitores espirituais.

Wanderley Oliveira | Ermance Dufaux
16 x 23 cm
508 páginas

AMOR ALÉM DE TUDO

Regras para seguir e rótulos para sustentar. Até quando viveremos sob o peso dessas ilusões? Nessa obra reveladora, Dr. Inácio Ferreira nos convida a conhecer a verdade acima das aparências. Um novo caminho para aqueles que buscam respeito às diferenças e o AMOR ALÉM DE TUDO.

Wanderley Oliveira | Inácio Ferreira
16 x 23 cm
252 páginas

ABRAÇO DE PAI JOÃO

Pai João de Angola retorna com conceitos simples e práticos, sobre os problemas gerados pela carência afetiva. Um romance com casos repletos de lutas, desafios e superações. Esperança para que permaneçamos no processo de resgate das potências divinas de nosso espírito.

Wanderley Oliveira | Pai João de Angola
16 x 23 cm
224 páginas

UM ENCONTRO COM PAI JOÃO

A obra também fala do valor de uma terapia, da necessidade do autoconhecimento, dos tipos de casamentos programados antes do reencarne, dos processos obsessivos de variados graus e do amparo de Deus para nossas vidas por meio dos amigos espirituais e seus trabalhadores encarnados. Narra também em detalhes a dinâmica das atividades socorristas do centro espírita.

Wanderley Oliveira | Pai João de Angola
16 x 23 cm
220 páginas

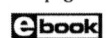

O LADO OCULTO DA TRANSIÇÃO PLANETÁRIA

O espírito Maria Modesto Cravo aborda os bastidores da transição planetária com casos conectados ao astral da Terra.

Wanderley Oliveira | Maria Modesto Cravo
16 x 23 cm
288 páginas

e-book

PERDÃO - A CHAVE PARA A LIBERDADE

Neste romance revelador, conhecemos Onofre, um pai que enfrenta a perda de seu único filho com apenas oito anos de idade. Diante do luto e diversas frustrações, um processo desafiador de autoconhecimento o convida a enxergar a vida com um novo olhar. Será essa a chave para a sua libertação?

Adriana Machado | Ezequiel
14 x 21 cm
288 páginas

e-book

1/3 DA VIDA - ENQUANTO O CORPO DORME A ALMA DESPERTA

A atividade noturna fora da matéria representa um terço da vida no corpo físico, e é considerada por nós como o período mais rico em espiritualidade, oportunidade e esperança.

Wanderley Oliveira | Ermance Dufaux
16 x 23 cm
279 páginas

e-book

NEM TUDO É CARMA, MAS TUDO É ESCOLHA

Somos todos agentes ativos das experiências que vivenciamos e não há injustiças ou acasos em cada um dos aprendizados.

Adriana Machado | Ezequiel
16 x 23 cm
536 páginas

e-book

RETRATOS DA VIDA - AS CONSEQUÊNCIAS DO DESCOMPROMETIMENTO AFETIVO

Túlio costumava abstrair-se da realidade, sempre se imaginando pintando um quadro; mais especificamente pintando o rosto de uma mulher.
Vivendo com Dora um casamento já frio e distante, uma terrível e insuportável dor se abate sobre sua vida. A dor era tanta que Túlio precisou buscar dentro de sua alma uma resposta para todas as suas angústias..

Clotilde Fascioni
16 x 23 cm
175 páginas

O PREÇO DE UM PERDÃO - AS VIDAS DE DANIEL

Daniel se apaixona perdidamente e, por várias vidas, é capaz de fazer qualquer coisa para alcançar o objetivo de concretizar o seu amor. Mas suas atitudes, por mais verdadeiras que sejam, o afastam cada vez mais desse objetivo. É quando a vida o para.

André Figueiredo e Fernanda Sicuro | Espírito Bruno
16 x 23 cm
333 páginas

e-book

Dufaux
e d i t o r a

LIVROS QUE TRANSFORMAM VIDAS!

Acompanhe nossas redes sociais

(lançamentos, conteúdos e promoções)

⊙ @editoradufaux

f facebook.com/EditoraDufaux

▶ youtube.com/user/EditoraDufaux

Conheça nosso catálogo e mais sobre nossa editora. Acesse os nossos sites

Loja Virtual

⊛ www.dufaux.com.br

eBooks, conteúdos gratuitos e muito mais

⊛ www.editoradufaux.com.br

Entre em contato com a gente.

Use os nossos canais de atendimento

⊙ (31) 99193-2230

📞 (31) 3347-1531

⊛ www.dufaux.com.br/contato

✉ sac@editoradufaux.com.br

📍 Rua Contria, 759 | Alto Barroca | CEP 30431-028 | Belo Horizonte | MG